Eugen Biser, Gott im Horizont des Menschen

EUGEN BISER

GOTT
IM HORIZONT DES MENSCHEN

Herausgegeben
von
Peter Jentzmik

GLAUKOS

Die Abbildungen auf den Innenseiten des Einbandes
sind mit freundlicher Genehmigung von Lothar Röhl
aus seinem plastischen Werk
»Das wiedergefundene Gottesbild«,
Hamburg 1988,
entnommen.

Gestaltung: Dr. Peter Jentzmik
klein-druck, Steeden
Printed in Germany

ISBN 3-930428-13-X

INHALT

VORWORT

Die vorliegenden Beiträge Eugen Bisers zielen in ihrer Gesamtheit und Abfolge darauf, den Horizont des Menschen auszuleuchten, in dem das Antlitz Gottes zum Vorschein kommt. Biser beginnt mit einer Anamnese der für den epochalen Gestaltwandel des Unglaubens ausschlaggebenden Gründe, die einen *ozeanischen Atheismus* hervorbringen; dieser erweist sich als konturlos-stumme, von der Angst bestimmte Radikalform des Atheismus und stellt die zentrale Herausforderung des Gottesglaubens der Gegenwart dar. In seinem Beitrag *Licht oder Finsternis* diagnostiziert er einleuchtend die mit diesen Begriffen traditionell verbundene Vorstellung vom ambivalenten, zu liebenden und zu fürchtenden Gott als Ursache der bis heute fortdauernden Gotteskrise. Im Sinne des „revolutionären Eingriffs" Jesu in dieses Gottesbild macht Biser deutlich, daß für das Christentum als Religion der Angstüberwindung Gott keineswegs die Koinzidenz von Faszination und Schrecken ist, sondern der, von dem es heißt: „Gott ist Licht, und Finsternis ist nicht in ihm". Der Exkurs über *Verstehen und Heilen* hat den therapeutischen Aspekt des Sprach- und Verstehensprozesses zum Gegenstand, wie er, bei Gadamer philosophisch reflektiert, für den christlichen Glauben konstitutiv ist. In dem *Aufriß einer therapeutischen Theologie* entwickelt Biser ein theologisches Konzept, das tragfähig ist, im Blick auf die todüberwindende göttliche Liebe „Sinn in der Wüste der vermeintlichen Sinnlosigkeit zu vermitteln". Der bei Johannes überlieferte Zuspruch aus den Abschiedsreden Jesu: »*Auch ihr werdet leben*« steht im Mittelpunkt einer anschließenden Betrachtung als Ermutigung, der Todesdrohung zu begegnen, und als Gewißheit, durch die Gemeinschaft mit dem Auferstandenen der Todesgewalt entrissen zu sein.

Ausführlich widmet sich Biser in seiner Abhandlung *Durchbruch zum Gott der Liebe* der Mitte des christlichen Glaubens und dem Kernstück seiner Theologie: der Gestalt Jesu, seiner Botschaft vom Reiche Gottes und seiner bedingungslosen Liebe. In Anlehnung an die paulinische Christusmystik: „Wir in Christus" und „Christus in uns" legt Biser auf eindrucksvolle Weise dar, daß das Christentum keine moralische, sondern eine mystische Religion ist. Einem Fingerzeig des Johannesprologs folgend, plädiert er im Zuge einer Revision der historisch-kritischen Interpretation mit seinem Entwurf einer *Christus-Hermeneutik* für die Überholung der Christologie in eine Wissensform, die „nicht so sehr in einem Nachdenken über die Wahrheit Christi als vielmehr in einem Denken mit und in ihm" besteht und von ihm als „Christomathie" bezeichnet wird – ein Perspektivenwechsel, der einen Umbruch im Bewußtsein des Glaubenden bedeutet: das zu Anfang gesprochene Wort bleibt auch in Zukunft ebenso in Gott wie im Glaubenden gegenwärtig wirksam. Zum Schluß seiner Darlegungen und gewissermaßen als Ausklang erhebt Biser die Frage nach einem musikalischen Gottesbeweis. Ist er bisher den theologischen Weg einer Vergewisserung Gottes gegangen und dabei immer wieder kenntnisreich literarischen Spuren gefolgt, so schlägt er hier Töne an, die ihn als profunden Kenner der Musik ausweisen. Überzeugend stellt er unter anderem anhand des Schlußchores der Neunten Sinfonie Beethovens dar, daß es eine *tönende Vergewisserung* Gottes im Rahmen der Möglichkeiten der Sprache der Musik gibt, sofern sie den Hörer tönend für ihre Botschaft einzunehmen vermag.

Aus all dem, was einer der bedeutendsten Theologen der Gegenwart zur Wirklichkeit Gottes im Horizont des Menschen zu sagen hat, erhellt, daß trotz der Dämmerungen und vielfachen Verdunkelungen das Antlitz Gottes seine Leuchtkraft im Horizont des Menschen nicht verliert.

Die beigegebenen Abbildungen plastischer Arbeiten von Lothar Röhl aus seinem Werk „Das wiedergefundene Gottesbild" auf den Innenseiten des Bucheinbandes dienen der Betrachtung und mögen den Leser bei den Gedankengängen Eugen Bisers anschaulich begleiten.

Limburg, im September 2001   Peter Jentzmik

Der ozeanische Atheismus

ZUM EPOCHALEN GESTALTWANDEL
DES UNGLAUBENS

I

Der sich lautlos vollziehende Gestaltwandel des Unglaubens gehört zu den wichtigsten Erscheinungen im Geistesleben des Gegenwart. Mit aller nur wünschenswerten Klarheit wurde er bereits von der Pastoralkonstitution ‚Gaudium et Spes‘ angesprochen, mit der das Zweite Vatikanum seine Arbeit beendete. Die Konzilsaussage beginnt mit der Feststellung, daß die Menschenwürde nur im Dialog mit Gott gewahrt werden könne, daß diese Tatsache aber von vielen Zeitgenossen nicht mehr gesehen oder sogar ausdrücklich zurückgewiesen werde. Deshalb müsse der Atheismus zu den folgenschwersten Zeiterscheinungen gerechnet werden (19). Daran schließt sich eine differenzierte Beschreibung des gegenwärtigen Unglaubens an:

> *Während von manchen Gott ausdrücklich geleugnet wird, meinen andere, der Mensch könne überhaupt nichts über ihn behaupten; wieder andere diskutieren die Frage nach Gott in einer Weise, daß sie sinnlos zu sein scheint... Manche erhöhen den Menschen so sehr, daß der Gottesglaube dadurch geradezu ausgehöhlt wird, dies aber mehr aus dem Interesse an der Erhöhung des Menschen als an dem der Leugnung Gottes ... Andere nehmen die Frage nach Gott nicht einmal mehr in Angriff, da sie keine religiöse Unruhe zu verspüren glauben und nicht einsehen, warum sie sich noch um Religion kümmern sollten (19).*

Im Fortgang nennt der Konzilstext auch noch den Atheismus aus Protest gegen die Übel der Welt, aufgrund einer Verabsolutierung menschlicher Werte und der Einflüsse der säkularistischen Zivilisation dieser Zeit. Schließlich erwähnt er noch einen Atheismus, der sich auf die technisch stimulierte Autonomie begründet, und den marxistischen Atheismus, der sich als die Befreiung des Menschen aus den Zwängen der Religion ausgibt (20). In alledem erweise der Atheismus jedoch seine reaktive Signatur; denn er sei nichts „Ursprüngliches", sondern von seiner Wurzel her eine „kritische Reaktion" auf die Religionen, nicht zuletzt auch auf die christliche (19). Weil daran das Versagen der Christen zu einem nicht unbeträchtlichen Teil mitschuldig sei, müsse den verborgenen Ursachen der Gottesleugnung nachgegangen und der Atheismus insgesamt „einer ernsten und eindringlichen Prüfung" unterzogen werden (21)[1].

II

Der Konzilstext beeindruckt sowohl durch sein hohes Problembewußtsein als auch durch seine einfühlsame Differenzierung. Dabei unterscheidet er ebenso einen postulatorischen und doktrinären wie einen resignativen, ebenso einen argumentativen wie einen agnostisch-resignativen Atheismus, ebenso einen emphatischen, auf die Erhöhung des Menschen bedachten, wie einen dem Indifferentismus entstammenden und nicht zuletzt einen im Theodizeeproblem gründenden wie einen politischen Atheismus, der mit dem Anspruch auf die Befreiung des Menschen aus den Fesseln einer religiös reglementierten Gesellschaft auftritt. Daß das Konzil dabei auch eine Eigenschuld des Christentums einge-steht, spricht für den hohen Grad der Objektivität seiner Analyse.

Vieles davon ist von bleibender Gültigkeit. Dennoch hat

sich die Schere der Differenzierung inzwischen entscheidend geöffnet, so daß sich quer durch die vom Konzil aufgeführten Erscheinungsformen zwei weitere abzeichnen, die sich als die des klassischen und des stummen und profillosen, dafür aber „ozeanischen" Atheismus gegenüberstehen. Dabei enstammt der klassische, den das Konzil den „systematischen" nennt, einer unvordenklichen Tradition, die sich abendländisch bis auf den von Anselm von Canterbury in seinem Proslogion-Argument bekämpften Toren des Psalmbuchs zurückverfolgen läßt, der „in seinem Herzen sagt, es ist kein Gott" (Ps 14,1), auch wenn damit nach Wucherer-Huldenfeld nur ein „Wähnen" gemeint sein konnte[2]. Sofern Lessings Ringparabel, mit der er „den Theologen einen ärgern Possen spielen" wollte „als noch mit zehn Fragmenten", sich über Boccacios ‚Decamerone' bis ins frühe Hochmittelalter zurückführen läßt, kommt dort schon der Gedanke an einen betrügerischen Gott auf, wie er dann in Descartes' Konstrukt eines bösartigen Dämons wiederkehrt, der den Menschen in ein „Netz von Illusionen" verstrickt, so daß sich für Leszek Kolakowski die Frage stellt:

> Welche Bedingungen müssen erfüllt sein, um entscheiden zu können, daß dieser geschickte Betrüger ... nicht doch manchmal seine Hand in Spiel hat? Descartes' Antwort ist bekannt. Allein Gottes Wahrhaftigkeit kann uns vor den Streichen eines solchen Betrügers schützen. Hätte Descartes nur die Existenz seines aufrichtigen Schöpfergottes ebenso überzeugend bewiesen wie die Möglichkeit eines böswilligen Betrügers![3].

Zwar bezieht der Vernunftoptimismus Descartes' Gott noch als positive Grenz- und Grundposition in sein Gesamtkonzept ein; doch hätte er für den kritischen Blick Pascals am liebsten Gott nicht bemüht. Indessen

brauchte er ihn, „um die Welt in Bewegung zu setzen";
danach habe er „nichts mehr mit Gott zu tun"[4]. Dieser
nur noch funktional benötigte Gott konnte sich aber im
Bewußtsein der Folgezeit auf die Dauer nicht halten.
Dazu kam der weltweite Schock, den die Erdbebenkat-
astrophe von Lissabon (1755) auslöste und der dem mit
der Vorstellung von der besten aller Welten verschwi-
sterten Gottesglauben einen ähnlichen Schlag versetzte
wie den Rückschlag, den er Hans Jonas zufolge „nach
Auschwitz" erlitt[5]. Den Niedergang des Gottesglaubens
beschrieb dann in einer sarkastisch geistvollen Sequenz
Heinrich Heine in seinem Essay ‚Zur Geschichte der
Religion und Philosophie in Deutschland' (1834), und
dies als Auftakt zu seiner Darstellung von Kants Kritik
der Gottesbeweise, die er seiner französischen Leser-
schaft in Bildern eines mörderischen Bastillesturmes vor
Augen führte: Kant habe

> den Himmel gestürmt, er hat die ganze Besatzung über
> die Klinge springen lassen, der Oberherr der Welt liegt
> unbewiesen in seinem Blute, es gibt keine Barmherzig-
> keit mehr, keine Vatergüte, keine jenseitige Belohnung
> für diesseitige Enthaltsamkeit, die Unsterblichkeit der
> Seele liegt in den letzten Zügen[6].

Nur ein Beweis sei diesem Blutbad unbeschädigt entronnen, der ontologische, „den Descartes aufstellt und der
schon lange vorher im Mittelalter durch Anselm von
Canterbury „in einer rührenden Gebetsform" ausgesprochen worden" sei[7].

III

In seiner ‚Tragödie des Humanismus ohne Gott' entdeckte Henri de Lubac in der Heineschrift die von

16

Nietzsche sorgfältig verheimlichte Quelle des Textes, mit dem er den Gedanken von einem Verdämmern des Gottesbegriffs zur Proklamation des Gottestodes zuspitzte und ihm den bis heute nachwirkenden Ausdruck verlieh[8]. Der Aphorismus, mit dem Nietzsche als Erstem die Nachgestaltung eines Gleichnisses Jesu gelang, schildert den Auftritt des als Maskenfigur seiner selbst gemeinten „tollen Menschen" auf dem Markt der Gottlosen, denen er das „Gott ist tot" ins Gesicht schreit, um sie zum Bewußtsein der von ihm vollbrachten Untat und deren Konsequenzen zu bringen. Von den drei Suggestivfragen:

> *Wie vermochten wir das Meer auszutrinken? Wer gab uns den Schwamm, um den ganzen Horizont wegzuwischen? Was taten wir, als wir diese Erde von ihrer Sonne losketteten?*

ist die mittlere nach Ausweis der Entstehungsgeschichte des Textes die formbestimmende. Wenn Nietzsche ursprünglich schrieb:

> *Wie brachten wir dies zustande, diese ewig feste Linie wegzuwischen, auf die bisher alle Linien und Maße sich zurückbezogen, nach der bisher alle Baumeister des Lebens bauten, ohne die es keine Perspektiven, keine Ordnung, keine Baukunst zu geben schien?*

bezieht er sich damit unverkennbar auf den Begriff des Unüberdenklich-Größten des – nach Heine unbeschädigt gebliebenen – anselmischen Gottesbeweises, den er damit aus den Angeln zu heben sucht, zwar nicht argumentativ, wohl aber sprachlich. Denn wie Jesus dem Gottesreich nicht durch Argumente, sondern durch seine Gleichnisse Bahn zu brechen suchte, so versucht nun sein – sich später als „Antichrist" demaskierender – Widersacher, den alles verklammernden Gottesbegriff aus dem System des Christenglaubens herauszubrechen, indem er das Antigleichnis vom Gottestod erzählt[9]. Und wie sich Jesus von den Gleichnissen die Einbürgerung seiner Hörer in die Lebensordnung des Gottesreiches verspricht, so versichert der Prediger des Gottestodes:

> *Es gab nie eine größere Tat – und wer nur immer nach mir geboren wird, gehört um dieser Tat willen in eine höhere Geschichte, als alle Geschichte bisher war!*

Mit diesem Satz umschreibt Nietzsche den Kern seiner Strategie. Es geht ihm darum, die von dem Menschen nach Ludwig Feuerbach an Gott abgetretenen Attribute für ihn als dessen „schönste Apologie" zurückzugewinnen und ihn zum gottähnlichen „Übermenschen" aufzubauen – ein Vorhaben, das Sigmund Freud durch die auf einen Anteil an göttlicher Allgegenwart, Allwissenheit und Schöpfermacht ausgehende Hochtechnik in dem von ihr hervorgebrachten „Prothesengott" verwirklicht sah[10]. Nietzsche aber erweist sich in alledem als Prototyp eines postulatorischen Atheismus, dem es primär um die Erhebung des Menschen zu tun war, und den sein Freund Franz Overbeck zutreffend als den „menschenmöglichen" bezeichnete[11].

IV

Als Prototyp des „systematischen Atheismus" hat demgegenüber der Oxford-Philosoph John Leslie Mackie zu gelten, mit dessen stark beachtetem Werk ,Das Wunder des Theismus' (1981) sich der argumentierende Atheismus aus dem öffentlichen Disput zurückzog[12]. Im Bestreben, das kritische Werk von Hume, Kant und des von ihm nur gestreiften Nietzsche zum Ziel zu führen, argumentiert Mackie sowohl als Destruktivist wie als Moralist. Im Zug der ersten Strategie weist er zunächst die verbreitete Ansicht zurück, daß sich der Gottesglaube auf ein „natürliches, seelisches Bedürfnis" stütze. Wenn dies zuträfe, spräche es eher gegen als für die Annahme. Wären die religiösen Überzeugungen gefühlsmäßig begründet, so spräche nichts mehr dafür, „daß sie auch wahr sind" und rational begründet werden könnten. Vor allem aber versucht er nachzuweisen, daß eine theistische Erklärung der Weltprobleme komplizierter ist als eine atheistische und deshalb mehr Schwierigkeiten verursacht als beseitigt. So ist eine spontan sich vollziehende Evolution leichter einzusehen als eine durch einen göttlichen Eingriff in die Materie in Gang gesetzte. Vor allem aber sei die christliche Annahme eines allmächtigen, allwissenden und allgütigen Gottes mit den faktischen Gegebenheiten der Welt und ihrem Meer von Unglück und Leid nicht zu vereinbaren. Auch wäre der Glaube an einen gütigen Gott kein Beitrag zu einem erfreulicheren Verlauf des Weltgeschehens.

Für den Naturalisten Mackie führt schon der Gedanke, daß eine sittliche Weltordnung die Existenz Gottes zur Voraussetzung habe, in die Irre. Denn eine theonome Moral bleibe im Grunde heteronom, weil das Gute dann immer nur um Gottes und nicht um seiner selbst willen getan werden könne. Das führt Mackie zu dem Schluß:

> *Die Bindung der Moral an den religiösen Glauben bringt die Gefahr einer Entwertung der Moral mit sich – nicht nur dadurch, daß die Moral untergraben wird, falls der Glaube schwindet, sondern auch dadurch, daß sie anderen Belangen untergeordnet wird, solange der Glaube besteht*[13].

Doch der von Mackie angenommene Gott ist eher ein

„kategorischer Imperator" (Nietzsche) als der christliche Gott, der die höchste Sinnerfüllung des Menschen ist und deshalb diesem nicht in fordernder Andersheit gegenübersteht. Deshalb wird der Gottesglaube, wie Mackie mit seinem von Hume übernommenen halbironischen Titel zugesteht, trotz seiner „Argumente für und gegen Gott" fortbestehen. Gleichzeitig erreicht der Unglaube aber trotzdem das von Mackie verfolgte Ziel, dies aber nicht in seiner systematisch argumentierenden Gestalt, sondern als der „ozeanische Atheismus", der als die zentrale Herausforderung des Gottesglaubens der Gegenwart zu gelten hat.

V

Wenn Nietzsche sich in der Maskengestalt des Zarathustra vom „letzten Papst" bestätigen läßt:

> *du bist frömmer als du glaubst, mit einem solchen Unglauben[14]!*

spricht er sich für eine engere Wechselbeziehung von Glaube und Unglaube aus, als die gewohnte Polarisierung vermuten läßt. Tatsächlich spiegelt sich in dem „ozeanischen Atheismus" ein vergleichbarer Gestaltwandel der Glaubensszene. Wie diese sich von den kirchlichen Bindungen zusehends emanzipiert und eine frei schwebende und richtungslos fluktuierende Form annimmt, so auch der Unglaube dieser Zeit. In seinem Fall hängt das aber nicht zuletzt auch mit dem Verfall der Rationalität zusammen und dem Einbruch vorlogischer Denkformen, denen vor allem das Fernsehen vorarbeitet, aber auch mit dem verbreiteten Verlangen nach Bewußtseinserweiterung, der die Esoterik und der Drogenkonsum ihre Konjunktur verdanken.

Von den Gründen, die dabei ins Spiel kommen, seien zwei besonders hervorstechende angesprochen: der ständig eskalierende Reduktionismus und der Tod. Was jenen anlangt, so richtet er sich, mit Thomas Manns ‚Doktor Faustus' gesprochen, auf die Zurücknahme der Neunten Symphonie[15], genauer noch auf den Widerruf von Beethovens Bekenntnis zum liebenden Vater „überm Sternenzelt" und damit zur zentralen Gottesbotschaft Jesu. Mit seiner zentralen Stoßrichtung zielt dieser Reduktionismus auf den Einsturz des Himmels, den Jesus mit seiner Verkündigung des bedingungslos liebenden und (nach Lk 6,35) selbst die Undankbaren und Bösen mit seiner Güte umfangenden Gottes über den Menschen erstehen ließ, um ihnen den Raum des Aufatmens, der Hoffnung und Selbstfindung zu eröffnen. Wo dieser Raum eingeebnet wurde, bleibt der menschlichen Sehnsucht nur noch der Weg zu religiösen Surrogaten, wie sie von obskuren Ideologien und Praktiken angeboten werden. Dabei handelt es sich um eine Nacht- und Gegenmystik, genauer noch um ein fehlgeleitetes Derivat dessen, was Novalis im Gegenzug zur Rationalität mit seinen ‚Hymnen an die Nacht' erkundet hatte. Aus diesen Einflüssen erklärt sich die Konturen- und Profillosigkeit des „ozeanischen Atheismus", der sich gleichwohl als die zur Selbstverständlichkeit gewordene Grundhaltung des heutigen Menschen ausgibt und es deswegen aufgegeben hat, sich argumentierend oder gar polemisierend mit dem Gottesglauben auseinanderzusetzen[16].

Doch der eigentliche Urheber dieses konturlos-stummen Atheismus ist der Tod, der ihn mit der Allgewalt, mit der er in die gegenwärtige Lebenswelt in Gestalt der beiden Weltkriege und der über hundert meist mit unfaßlicher Brutalität ausgetragenen Regionalkriege einbrach, zum Schweigen brachte. Zwar entwickelte die Zivilisation ihm gegenüber eine fast perfekte Verdrängungs- und Sublimierungsstrategie. Doch der Tod läßt sich nicht verdrängen. Wie am Ende von Goethes ‚Faust' die Sorge so findet er das Schlüsselloch, durch das er in die Behausung des gegen ihn Abgeschirmten eindringt, und dies in Gestalt seines Vorboten, der Angst. Denn die Angst kann man nach Kierkegaard „mit einem Schwindel vergleichen", wie er einen befällt, „der plötzlich in eine gähnende Tiefe hinabschaut"[17]. Es ist der Blick „in eine entsetzliche Zerbrechlichkeit", von dem Gertrud von le Fort in der ‚Letzten am Schafott' berichtet, der Blick in jene bodenlose Tiefe, in der der Geängstigte nach Heidegger zu schweben glaubt. Ihm verschlägt es die Sprache, so daß er die Brücke zur Umwelt verliert und – wie nur ein Sterbender – ganz auf sich zurückgeworfen und vereinsamt ist. Das aber ist nach le Fort die entgegengesetzte Erfahrung zu der des Beters, der gleichfalls „durch alle Stockwerke des Seins" abzusinken glaubt, jedoch bis auf jenen Grund, der, weil er ein göttlicher ist, „kein weiteres Fallen zuläßt". Das Gebet aber ist die Vorform des Glaubens, der dem Verständnis Martin Bubers zufolge den Glaubenden in der Gotteswirklichkeit Halt und Stand gewinnen läßt. Im gleichen Sinn ermutigt Jesus den um das Leben seiner Tochter bangenden Vater: „keine Angst, glaube nur!" (Mk 5,36). So gesehen ist nicht der Unglaube, sondern die Angst der diametrale Gegensatz des Glaubens. Und das auch im kommunikativen Sinn. Denn der Glaube macht (nach 2Kor 4,13) beredt; die Angst, die ihrem Opfer die Sprache verschlägt, macht stumm. Deshalb ist der profillos-stumme Unglaube, der von der Angst eingegeben und bestimmt ist, die Radikalform des Atheismus. Da die Angst jedoch nur Vorbote und als solche der „vorweggenommene" Tod ist, legt sich die Folgerung nahe, daß dieser der „kategorische Imperativ" und Einbläser des ozeanischen

Atheismus ist. Das meinte auch Theodor W. Adorno, als er Heidegger, dem Philosophen der Sorge und der Angst, vorwarf, daß bei ihm der Tod „zum Stellvertreter Gottes" geworden sei[18]. Das aber führt zu der Folgerung: der ozeanische Atheismus, wie er gegenwärtig um sich greift, ist die Antireligion des Todes, die sich wie eine Gegenwelt, um nicht zu sagen, wie ein Inferno zu dem von Jesus über der Welt errichteten Himmel verhält. Deshalb müssen von dort die Eingebungen und Impulse bezogen werden, deren es bedarf, wenn der Gottesglaube gegen seine verschwiegenste, aber gerade deshalb gefährlichste Anfechtung verteidigt und gewahrt werden soll.

Licht oder Finsternis

EINSTIMMUNG

Die gegenwärtige Situation wirkt seltsam gespalten.
Auf der einen Seite gibt sie der Annahme des Kultur-
kritikers Freud recht, wonach das utopische Zeitalter
angebrochen ist, in dem sich uralte Menschheitsträu-
me Zug um Zug erfüllen, darunter sogar der von
Freud noch nicht ins Auge gefaßte Traum vom Menschen als dem Gestalter der Evolution und Schöpfer
seiner selbst. Auf der andern Seite erheben sich
besorgte Stimmen, die durch diese Entwicklung Recht
und Würde des beginnenden Menschenlebens gefähr-
det und in Frage gestellt sehen und ihr deshalb Ein-
halt zu gebieten suchen. Das aber wird keiner Macht
der Welt gelingen, da der technische und kulturelle
Fortschritt noch immer von der Nutzung der jeweils
erzielten Innovationen ausging, und da der Mensch
noch immer das in die Tat umsetzte, was er aufgrund
seiner Fähigkeiten zu tun vermochte.
Eine dramatische Zuspitzung erfuhr dieses ohnehin
gespannte Verhältnis inzwischen dadurch, daß die
deutsche Politik durch die Schaffung eines „Ethikrates"
in die Kompetenz der Kirchen eingriff und ihr
dadurch ihr – vermeintliches – Privileg zu entreißen
suchte, primär für die Moralität der Menschen zustän-
dig zu sein. Doch zu diesem Anspruch war es vor
allem deshalb gekommen, weil sich die Christenheit
durch Kant, den Wortführer der Aufklärung, einreden
ließ, eine genuin moralische Religion zu sein, da Kant
dieser nur ein Existenzrecht innerhalb der Grenzen
der bloßen, also der praktischen Vernunft zugestand[1].
Der zu erwartende Aufschrei der Kirche über diese
„Enteignung" blieb allerdings aus, da ihr Zugriff
bereits durch die fühlbar gewordene Wende von der

Schuld- zur Schamkultur entscheidend geschwächt war[2].

In Wirklichkeit ergeht es der Kirche dabei wie beim Verlust des Kirchenstaates, der anfänglich als Katastrophe, allmählich aber als eine auf die wahre Aufgabe zurückführende Entlastung empfunden wurde. Genauso bei der gegenwärtigen Enteignung, die zu der Einsicht führen müßte, daß das Christentum zwar eine – von seiner bisherigen Pädagogik noch gar nicht voll aufgenommene – Moral hat, im Unterschied zu Judentum und Islam aber keine moralische Religion ist, da seine Bestimmung in der Heilung, Erhebung und „Beherzigung" des Menschen besteht; denn es will seiner innersten Bestimmung zufolge den mit sich überworfenen und sich vielfach entfremdeten Menschen zur Mitte des Heils und des gottgeschenkten Selbstseins führen.

DER VORBEGRIFF

Das Recht jeder Religion besteht in ihrem Gottesbegriff; denn sie hat, wie das Wort *religio* besagt, die Aufgabe, die Menschen an den göttlichen Urgrund allen Seins zu binden; und dazu bedarf sie einer für ihre Anhänger überzeugenden Vorstellung von Gott. Wie die Diskussion um das Verhältnis zum Judentum zeigt, besteht im heutigen Judentum aber eine erhebliche Unsicherheit in der Bestimmung und Begründung ihres religionsgeschichtlichen Propriums. Wenn das Christentum, wie gelegentlich behauptet wurde, nur ein Derivat des Judentums ist (Böckle), hat es kein eigentliches Existenzrecht; vielmehr existiert es dann, streng geurteilt, aufgrund einer Usurpation. Nun ist das Christentum zweifellos, wie Paulus deutlich machte, zutiefst im Judentum verwurzelt; und ebenso unfraglich steht sein Stifter in der Tradition des jüdischen Prophetismus. Wie seine Worte beweisen, lebt er in der Denk- und Bilderwelt der alttestamentlichen Schriften. Indessen wird seine Position solange verkannt, als nicht begriffen wird, daß er die große Innovation in dieser Glaubens- und Denkwelt herbeiführte. Das ist gemeint, wenn er seine Botschaft mit dem Wort „den Alten ist gesagt worden, ich aber sage euch" einleitet; das ist gemeint, wenn es im Lukasevangelium heißt:

Das Gesetz und die Propheten gehen bis zu Johannes; von da an wird das Evangelium vom Gottesreich verkündet, und jeder dringt mit Macht hinein. (Lk 16,16)

Und das meint Paulus, wenn er betont:

Jetzt ist sie da, die Zeit der Gnade, jetzt ist er da, der Tag des Heils! (2Kor 6,2)

Denn für ihn ist für den, der „in Christus" ist, „das Alte vergangen und Neues geworden" (2Kor 5,17). Doch worin ist dieses Neuheitserlebnis des Christentums (Prümm) begründet? Wenn sich diese Frage auf sein Proprium bezieht, dann nur in seinem Gottesbegriff! Wenn Jesus auf einem Höhepunkt der Bergpredigt von seinem Gott sagt, daß er „gütig ist, sogar gegen die Undankbaren und Bösen" (Lk 6,35), hebt er ihn aufs deutlichste vom Gott des Judentums ab, der seinen Zorn über die Undankbaren entbrennen läßt und mit den Bösen unnachsichtig ins Gericht geht.
Darin unterscheidet er sich nicht zuletzt von der Verkündigung des Täufers, der von ihm den Vollzug des von ihm machtvoll angesagten Gottesgerichtes erwartete. Zur Verwunderung von Ludger Schenke fragt dieser ihn nicht selbst, sondern läßt ihn – wie wenn er

damit sein Befremden unterstreichen wollte – fragen, ob er wirklich der von ihm angekündigte „Kommende" sei oder nicht doch nur ein Vorbote, so daß noch auf den wirklichen Vollstrecker gewartet werden müsse. Jesus antwortet darauf mit dem Hinweis auf seine Wundertätigkeit und der Aufforderung, daran keinen Anstoß zu nehmen (Lk 7,18-23). Wenn durch sein Wirken Blinde, Lahme und Aussätzige von ihrem Leiden geheilt werden, dann deshalb, weil durch ihn Gott nochmals die Hand an seine Schöpfung gelegt hat, um sie ihrer Leid- und Todverfallenheit zu entreißen und an sein Herz zu ziehen. Das aber ist kein Gott des Zorns und des Gerichts, sondern der „Vater der Erbarmungen und Gott allen Trostes" (2Kor 1,3).

Ohne daß damit schon gesagt ist, wie Jesus zu diesem Gottesbild kam, hebt sich doch schon seine Signatur mit aller Deutlichkeit ab. Es ist im Vergleich zu der auch von Israel geteilten Gottesvorstellung aller Religionen nicht mehr der ambivalente, gleichzeitig helfende und drohende und deshalb ebenso zu liebende wie zu fürchtende Gott der Tradtition, sondern der neue und in dieser Neuheit nie dagewesene Gott, der sich Gerhard Lohfink zufolge in dem manifestierte, der den Blinden, Lahmen und Aussätzigen die heilende Hand auflegte, der die „Erniedrigten und Beleidigten" (Dostojewskij) in seine Tischgemeinschaft aufnahm und der sich mit seiner Einladung an die Bedrückten und Beladenen (Mt 11,28) allen als „Helfer" anbot (Kierkegaard). Es ist, zusammenfassend gesehen, der Gott der vorbehalt- und bedingungslosen, unwiderruflich gewährten Liebe.

Von der Gerichtsdrohung des Täufers floß aber doch so viel in dieses Gottesbild ein, daß es sich dabei keinesfalls um einen alles hinnehmenden und alles verzeihenden Gott der Beliebigkeit und Indifferenz handelt, sondern um den der denkbar größten Herausforderung, der mit den Seinen ins Feuergericht seiner Liebe geht, einer Liebe, die sie bis ins Innerste durchdringt und dort die „Gedanken des Herzens" bloßlegt, die sie durch ihr Übermaß ebenso beschenkt wie beschämt und sie zu dem demütigen Eingeständnis nötigt, dem, was ihm gewährt ist, weder mit ihrem Verständnis noch mit ihrer Reaktion zu entsprechen und so hinter dem, was sie empfangen, hoffnungslos zurückzubleiben. Das ist der Grund, weswegen Martin Buber an den Paulusbriefen bemängelt, daß in ihnen zwar oft von der Liebe Gottes zu den Menschen, aber nur selten von der Gegenliebe zu Gott die Rede ist, und daß man an den seltenen Stellen, wo das dann doch geschieht, nicht so sehr den Eindruck echter Liebeserweise gewinnt, sondern eher den, daß Gott sich selbst in den Menschen liebt.

Doch gerade darin rührt Buber an die Lösung dieses hintergründigen Problems. Die Menschheit würde durch den Gott der Liebe in eine neue, womöglich noch prekärere Heteronomie gestürzt, wenn sich seine Liebe nicht, wie es Paulus vom Gottesgeist (Röm 8,26) sagt, unsrer Schwachheit annähme. Denn so, wie niemand zum Glauben käme, wenn der Geglaubte ihm nicht dazu verhelfen, und so, wie keiner hoffen könnte, wenn der Erhoffte ihn nicht dazu bewegen würde, kommt die Liebe nur dadurch zustande, daß sie „in unseren Herzen ausgegossen" ist (Röm 5,5), und das heißt, daß Gott sich in den Liebenden selbst liebt. Das bestätigt das große Augustinuswort von dem *Unus Christus amans seipsum*.

DER RÜCKFALL

In seiner Untersuchung über Geschichte und theologische Entwicklung der Urgemeinde (1950) stellte Schenke die Frage: „Rückfall hinter Jesus?"[3] Was im Blick auf die Urgemeinde nur erfragt werden kann, muß im Blick auf die heutige Christenheit bejaht werden. Denn nach nur allzu deutlichen Symptomen steht diese im Begriff, sich von dem „Gott Jesu Christi" wegzubewegen und sich, fasziniert von seiner „Dunkelseite", dem ambivalenten Gott der Menschheitstradition, der auch der Gott des Judentums und der kirchlichen Praxis ist, zuzuwenden. Symptomatisch dafür sind theologische Arbeiten, die sich in verblüffender Einmütigkeit auf das Gerichtsmotiv beziehen, so die Untersuchung von Marius Reiser ‚Die Gerichtspredigt Jesu' (1996) und die von Ulrich Luz als „Torso" veröffentlichte und als „dringend nötig" bezeichnete Arbeit seines Schülers Christian Riniker ‚Die Gerichtsverkündigung Jesu' (1999)[4]. Sie kommen in der Überzeugung überein, daß „trotz der Prädominanz der Heils- und Freudenbotschaft Jesu vom vergebungsbereiten Vatergott" kein Zweifel daran bestehen kann, „daß der historische Jesus in erheblichem Umfang von einem nahenden Endgericht Gottes gepredigt hat" (Miggelbrink). Auch die Hölle „dürfte in der Verkündigung Jesu vorgekommen sein", selbst wenn sie „nicht im Zentrum des jesuanischen Interesses stand" (234). Dabei begründet Reiser sein Vorhaben mit der Feststellung, daß sein Thema in der theologischen Forschung wie in der kirchlichen Verkündigung „seit langem vernachlässigt und verdrängt" worden sei (III), während Riniker gleichfalls betont, daß er die Gerichtspredigt für ein weithin zurückgedrängtes oder „unterschlagenes Thema in der heutigen Beschäftigung mit Jesus" halte (15).

Seinen bisherigen Höhepunkt erreichte dieser Trend in der Innsbrucker Habilitationsschrift von Ralf Miggelbrink ,Der Zorn Gottes' (1999), die sich im Untertitel zur Aktualität dieser „ungeliebten biblischen Tradition bekennt". Während die erste dieser Studien (Reiser) das Gericht als die „Kehrseite des Heils und seine notwendige Voraussetzung" bezeichnet, bietet die letzte eine geradezu abenteuerliche Begründung mit der Behauptung, daß der „gütige Vater... jeden Zug des Autoritären, des Normvorgebenden verloren" habe, ja daß er seine Liebe „ohnmächtig allen Menschen hinterherzutragen" scheine, „sie selber und ihre wirklichen Leiden nicht erreichend", sie allenfalls wie der alte Mann in Borcherts Drama ,Draußen vor der Tür' hilflos bedauernd[5].

Bedenklich ist diese Abkehr vom Gott der Liebe in dreifacher Hinsicht: Erstens hinsichtlich des Zeitpunkts, zweitens hinsichtlich der Begründung und drittens hinsichtlich der Argumentation. Was den Zeitpunkt dieser Publikationen betrifft, so erschienen sie allesamt in dem Jahrzehnt, das nach dem Fall des Eisernen Vorhangs, der Selbstauflösung des Warschauer Paktes und der Wiedervereinigung Deutschlands die Hoffnung auf eine so noch nie erlebte Friedenszeit erweckte und als solche geradezu nach einer religiösen Deutung schreit. Sie brachte zwar nicht den von Hegel angenommenen Fortschritt im „Bewußtsein" der Freiheit, wohl aber den in ihrem Besitz. Insofern genügt als Erklärungsgrund dann auch nicht der von Hegel in Anschlag gebrachte Fortschritt, wohl aber das, woraus er als Derivat hervorging, die Hoffnung (Löwith). Die Hoffnung aber ist nach Paulus das Formgesetz, das (nach Röm 8,18-23) den Gang des Weltgeschehens bestimmt. Da der Apostel dieses als eine Leidensgeschichte der in Wehen liegenden Schöpfung

beschreibt, und da die Hoffnung, wie dann die Pau-
lusschule sagt, mit dem – in seinem Leidensmaß noch
nicht vollendeten – Christus zusammengesehen werden muß, legt sich eine christologische Deutung der
Weltgeschichte, kontrastiv zum Konzept Hegels,
unmittelbar nahe. Es dauerte aber bis zur ausgehenden Neuzeit, bis die kategoriale Voraussetzung dafür
entdeckt, und nochmals fast ein Jahrhundert, bis dieses alternative Geschichtsmodell wenigstens ansatz-
weise entworfen wurde. Das eine erbrachte aber die
große Entdeckung Martin Deutingers, daß sich Gott
zur Geschichte nicht als Creator, sondern als Genitor
verhält; das zweite die geschichtstheologische Aussage
der Werke Gertrud von le Forts. Wenn Gott nicht nach
Art eines Schöpfers, sondern eines Vaters in die
Geschichte „eingreift", dann wird sich die Sendung
des Sohnes nicht nur, wie bisher ausschließlich angenommen wurde, in der Geschichte ereignen; vielmehr
wird sie dann den Geschichtsgang zugleich strukturie-
rend bestimmen. Wenn aber dies angenommen werden darf, ergibt sich in der Konsequenz, daß nicht nur,
wie Gregor von Nyssa versichert, die individuelle
Lebensgeschichte des Einzelnen, sondern der gesamte
Geschichtsgang die Lebens- und Leidensgeschichte
Jesu rekapituliert. Für die Frage des Zeitpunktes muß
dann nur noch geklärt werden, mit welchem Stadium
der Jesusvita die Gegenwart übereinstimmt. Nachdem
für Gertrud von le Fort mit der Heraufkunft der Hit-
lerdiktatur die Stunde der Todesangst Jesu und mit
den Zerstörungen des Zweiten Weltkriegs die des
geschichtlichen Karfreitags gekommen war, nötigt dieses Konzept zu der Folgerung, daß die Gegenwart im
Licht der Auferstehung Jesu steht. Den wohl überzeu-
gendsten Beweis dafür dürfte die Tatsache erbringen,
daß durch den freiheitlichen Aufbruch und die

Wiedervereinigung, theologisch gefolgert, die durch die Aufklärung aus dem Bereich des Denkbaren ausgeschlossene Auferstehung wieder denkbar wurde, da dieses Zeitzeichen nur aufgrund einer göttlichen Interaktion überzeugend erklärt werden kann. Das aber ist keinesfalls der Eingriff eines strafenden, sondern die Intervention eines lohnenden Gottes, so daß die Abwendung von ihm einem unverzeihlichen Anachronismus und einem Verstoß gegen das Gebot der Stunde gleichkäme.

Was die Frage der Begründung betrifft, so ist die insbesondere von Miggelbrink gegebene in zweifacher Hinsicht fatal. Denn seine Argumentation steht und fällt mit der Annahme, daß nur der Gott des Gerichts geschichtswirksam ist, zumal er „als der Richter der Welt seine eigene Sache führt" und sich gerade dadurch „selber mitteilt", daß er „richtet und rächt"[6]. Daß dadurch der Gott der Offenbarung für deren Empfänger zum Ungeheuer wird und das Offenbarungsmotiv in sein Gegenteil pervertiert wird, scheint dem Autor solcher Sätze nicht in den Sinn zu kommen. Noch weniger scheint ihm dabei bewußt zu werden, daß er damit in die offene Falle Nietzsches gerät. Denn ausgerechnet im ‚Antichrist' fragt dieser:

> Was läge an einem Gott, der nicht Zorn, Rache, Neid, Hohn, List, Gewalttat kennte?...Man würde einen solchen Gott nicht verstehen: wozu sollte man ihn haben? (§ 16)

Und diese Übereinkunft mit dem „Antichrist" ist noch nicht das Schlimmste; vielmehr verbindet sich mit dessen Frage der Vorwurf, daß der zorn- und neidlose Gott der Barmherzigkeit und Liebe von den Befürwortern seines Zornes gar nicht verstanden werde. Tatsächlich besteht darin das zentrale Defizit des gegen-

wärtigen Trends. Er hätte sich niemals ausformen können, wenn sich die Gegenwartstheologie mit Gerhard
Lohfink bewußt geworden wäre, daß sich Gott im
Evangelium „definitiv als der Gott Jesu erwiesen hat"
und daß dieser „aus den vielfältigen Gotteserfahrun-
gen Israels mit einer faszinierenden Sicherheit" die für
ihn entscheidenden herausgespürt und unter dem,
„was verschüttet und überspielt worden war", frei-
und offenlegte. Dem muß nur noch hinzugefügt werden, daß er die von ihm aufgegriffenen Motive zu der
seiner Selbsterfahrung entsprechenden großen Innovation in der Geschichte des Gottesbegriffs ver-
schmolz. Doch gerade dazu rang sich die Theologie
noch niemals durch, weil der Dogmatik die exegeti-
sche Verifizierung fehlte und die Exegese sich nie von
der Dogmatik inspirieren ließ, weil sich also die Rück-
frage nach Jesus nicht entschieden genug als Rückfra-
ge nach seinem Gottes- und Selbstbewußtsein stellte.
Was schließlich die Frage nach der Argumentation und
deren Inhalt anlangt, so erfolgt sie aus der Perspektive
eines Denkens, das sich in den Bahnen einer Atmosphäre der Gewalt und Repression bewegt und von
dem freiheitlichen Aufbruch und seinen Konsequenzen keine Kenntnis nimmt. Nun ist es aber ein fataler
Irrtum, anzunehmen, daß sich die theologische Vernunft ihren Zielen unabhängig vom Zeitgeschehen
zuzuwenden vermöchte. Das Gegenteil trifft vielmehr
zu. Solange Christen gegen Ihresgleichen, Andersden-
kende und Andersglaubende, wie es jahrhundertelang
in oft sadistischer Brutalität und Grausamkeit geschah,
Gewalt anwenden, ist auch die theologische Vernunft
in diesem Sinn „voreingenommen", zumindest aber
gegenüber der von Jesus verkörperten und in die Welt
hineingesprochenen Alternative abgeblendet. Sie wird
sich dann nicht nur für Krieg und Todesstrafe ausspre-

chen, sondern, schlimmer noch, ihre Meinung selbst auf repressivem Weg zur Geltung bringen. So verfahren die angesprochenen Untersuchungen freilich nicht; wohl aber versuchen sie, der heutigen Forschung ein schlechtes Gewissen zu suggerieren, indem sie ihr die Unterschlagung eines für die Gottesverkündigung Jesu integralen Aspekts vorwerfen. Zwar räumen sie den Vorrang des Erbarmungsmotivs durchaus ein. Doch besteht ihr entscheidender Irrtum darin, daß sie dort einen Zusammenhng voraussetzen, wo lediglich eine Koordinierung vorliegt. Daß Jesus vom Gericht redet, ist unbestritten. Daß seine Heilspredigt jedoch in der Gerichtsandrohung ihre Voraussetzung habe (Reiser), ist eine unbeweisbare Behauptung und ein das Verständnis Jesu verhinderndes Vorurteil.

Damit könnte es sein Bewenden haben, wenn sich nicht eine repräsentative Gruppe führender Theologen veranlaßt gesehen hätte, knapp zehn Jahre nach dem freiheitlichen Aufbruch die „Dunkelseite Gottes" zu diskutieren, ohne daß es zuvor je eine vergleichbare Diskussion über den liebenden Gott gegeben hätte[7]. Wenn es aber zu den elementaren Aufgaben der Theologie gehört, sich synchron mit dem Zeitgeschehen zu halten, um auf seine Anstöße und Anfragen eingehen zu können, hätte sie auf die großen Zeitzeichen in Gestalt des Zweiten Vatikanums und des Freiheitsgeschehens von 1989 achten und darauf reagieren müssen. Denn mit beiden Ereignissen war ja für jeden Nachdenklichen die Frage aufgeworfen, ob sie bei aller Würdigung der auf sie hinwirkenden Personen und Faktoren allein innergeschichtlich und nicht vielmehr nur mit Hilfe der Annahme einer göttlichen Intervention vollgültig erklärt werden könne.

Wenn eine umfassende Analyse zu dieser Annahme führt, stellt sich für eine zeitbewußte Theologie die

Frage nach dem in diesen Ereignissen aufscheinenden „Antlitz" Gottes. Keinesfalls aber hätte sie sich dann in ihrer Reflexion der „Dunkelseite Gottes" zuwenden können, da sein „Zorn" so wenig für eine Erklärung der Geschehnisse hergab wie für die der ihnen voraufgehenden Katastrophen und Leidenszeiten. Zu deutlich wiesen die beiden Zeitzeichen in die Gegenrichtung. Vor allem aber war mit dem Anbruch der durch das Ende des Ost-West-Konflikts verheißenen Friedenszeit die dunkle Wolke verschwunden, die während der Zeit der Gewalt über großen Teilen der Menschheit lag und ihre investigatorischen Energien lähmte. Schon durch die vom Konzil bewirkte Öffnung war ihr der entscheidende Fingerzeig gegeben. Denn es war keineswegs nur Ausdruck der durch das Konzil überwundenen oder doch entscheidend gemilderten Repression, daß in seinem Gefolge die von Miggelbrink als „eindimensional" kritisierte Rede vom liebenden Vatergott in den Vordergrund des Glaubensbewußtseins und der Verkündigung trat, sondern die Konsequenz der in dieser Atmosphäre des Aufatmens gewonnenen Einsicht in die Gottesbotschaft Jesu. So wurde dies dann auch durch die im Gefolge des Konzils gleichsam als dessen Spätfrucht entstandene Jesusliteratur bestätigt, in der Jesus vom Thron seines Herrentums herabstieg, um den Seinen auf gleicher Augenhöhe als Helfer, Bruder und Freund entgegenzutreten und ihnen als inwendiger Lehrer einzuwohnen.

Was sich in alledem ankündigte, hätte unter dem Eindruck der freiheitlichen Wende zum Anlaß einer radikalen Selbstbesinnung werden müssen. Doch für sie gilt das Herrenwort:

Am Abend sagt ihr, wir bekommen schönes Wetter;

*denn der Himmel ist rot. Und am Morgen: heute
kommt ein Unwetter; denn der Himmel ist trübe.
Wie kommt es, daß ihr euch auf die Beurteilung des
Wetters versteht, die Zeichen der Zeit aber nicht
begreift? (Mt 16,2f.; Lk 12, 54f.)*

Offensichtlich hatte die heutige Theologie kein Auge
dafür, daß am Abend des von Kriegen und Katastrophen verdüsterten Jahrhunderts die friedenverheißen-
de Sonne der göttlichen Erbarmung und Liebe zum
Vorschein kam. Statt dessen ließ sie sich, sicher unter
dem Eindruck der Gewaltexzesse während der beiden
Weltkriege, von René Girard und seiner hermetischen
Gewalttheorie einreden, daß der Mensch ein von
Grund auf begehrliches, mit seinesgleichen in einem
neidvollen Konkurrenzverhältnis stehendes und deshalb ebenso gewaltbereites wie gewalttätiges Wesen
sei, das allenfalls durch die stellvertretende Tötung
eines Einzigen davon abgehalten werden könne, sich,
zusammen mit der ganzen mörderischen Art, auszu-
rotten. Deshalb steht für Girard das Opfer im Zentrum
aller Religion, da nur durch den „Gründungslynch-
mord" an einem Stellvertreter die ins Chaotische trei-
bende Gesellschaft in Ordnung gehalten werden
kann. Deshalb ist für ihn die Erfahrung des Heiligen
auch primär an furchterregende Naturerscheinungen
gebunden.
Unter dem Eindruck dieser anthropologischen Vorent-
scheidung, die durch Walter Burkerts Theorem des
homo necans zusätzlich bekräftigt wurde, richtete sich
das Augenmerk der Gegenwartstheologie einseitig auf
die sich häufenden Stellen, an denen in beiden Testa-
menten vom Zorn und Gericht Gottes die Rede ist.
Der im Aspekt des stellvertretenden Gottes erscheinende Jesus kommt demnach nur noch als der Über-

winder des Schreckensgottes, so vor allem bei Georg
Baudler, in den Blick. Was diese Theologie an Zeitzeichen wahrnimmt, sind dann lediglich die der Menschheit tatsächlich eingeschriebenen Fakten nach Art der
Weltkriege und der Shoa, die, bezeichnend für diese
Denkweise, unter der pseudoreligiösen Bezeichnung
als „Holocaust" in das Vokabular der Gegenwartsspra-
che einging. Doch die dabei übersehenen Zeitzeichen
sprechen eine ganz andere Sprache! Zwar könnte man
den freiheitlichen Aufbruch als Antwort Gottes auf die
vorangehende Leidenszeit auffassen; nur müßte dann
auch das Konzil als Antwort auf die vorangegangene
Repression verstanden werden. Doch läßt sich weder
bei dem einen noch dem andern Ereignis ein derarti-
ger Rückverweis ausmachen. Sie sprechen vielmehr
beide für sich und als solche für das, was über alle
menschliche Erwartung hinausgeht, aber gerade so
der tiefsten Sehnsucht der Menschen entspricht. Sie
sprechen somit im Unterschied zu den theologischen
Befürwortern eines Gottes des Gerichts und der Strafgerechtigkeit, die die Botschaft von der Gottesliebe nur
alternativisch zu dieser gelten lassen, von der voraus-
setzungs- und bedingungslosen Liebe und somit von
jener grundstürzenden Innovation, die Jesus im Gottesbegriff und Gottesverhältnis der Menschheit herbeiführte[8]. Doch wie kam er dazu? Das ist die viel zu selten gestellte und doch über Sinn und Rang des Christentums entscheidende Frage nach der zentralen
Lebensleistung Jesu.

DIE LEBENSLEISTUNG

Wer die Lebensleistung Jesu würdigen will, muß seine
Lebensgeschichte nachzeichnen. Wer aber dies beab-

sichtigt, muß seine Lebensgeschichte mitvollziehen. Denn nur so, in dieser wechselseitigen Spiegelung, kann er den bei Jesus völlig im Dunkeln liegenden Ausgangspunkt gewinnen. Sein eigener aber liegt keineswegs in jenem primordialen Staunen, mit dem nach Platon das philosophische Erkennen seinen Anfang nimmt, sondern im Erlebnis der diesem weit vorausliegenden Todesdrohung; denn:

> *vom Tode, von der Furcht des Todes, hebt alles Erkennen des Alls an*[9].

Im ersten Augenblick, wenn der Mensch der Redensart zufolge „das Licht der Welt" erblickt, reagiert er mit einem Aufschrei, weil er sich in Wahrheit in ein bedrohliches Dunkel verstoßen fühlt. Als Vorstufe zum „Ich" entringt sich ihm angesichts dieser Bedrohung, wie es die deutsche Sprache beziehungsreich zum Ausdruck bringt, ein erschrecktes „Ach", verstanden als das primordiale De profundis, mit dem das menschliche Erwachen zum Selbstsein und Selbstbewußtsein seinen Anfang nimmt. Biblisch gesehen ist das die Situation des sinkenden Petrus, der mit seinem Hilfeschrei die rettende Heilandshand herbeiruft (Mt 14,33). Darin besteht die erste Fühlung von Wirklichkeit, die eine göttliche ist, auch wenn sie sich im Regelfall in der Erfahrung der bergenden Mütterlichkeit konkretisiert. Jetzt erst setzt das Staunen ein. Denn staunend nimmt er, gestützt auf diese vorgängige Wirklichkeitserfahrung, wahr, daß außerdem noch anderes ist und nicht nichts.. Was sich in der anfänglichen Du-Beziehung angebahnt hatte, formt sich nun in der Wahrnehmung von Welt zur Ich-Es-Beziehung (Buber) aus; in der Selbstunterscheidung von der ihm entgegenstehenden Mit- und Umwelt erwacht der Wunsch zum Selbstbewußtsein, das in dem sich nunmehr artikulierenden „Ich" seine Kristallisationsmitte hat. Vollends kommt er jedoch erst dann zu sich selbst, wenn er sich das „Ich" gesagt sein läßt und dadurch personale Sicherheit gewinnt. Überrascht von diesem Erwachen zu sich selbst, verwandelt sich das Ich nochmals zum „Ach", jetzt aber als Ausdruck des dankbaren Einverständnisses mit dem auf diesem dramatischen Weg Gewonnenen. Ein literarischer Glücksfall brachte es dazu, daß dieses „Ach" des dankbaren Einverständnisses dichterisch gestaltet wurde. Es ist das „Ach" Alkmenes in Heinrich von Kleists ,Amphitryon', das sich der Deutung Curt Hohoffs zufolge dem „Fiat" der biblischen Verkündigungsszene annähert[10].

Zum Anschluß an die Lebensgeschichte Jesu verhilft die auf die Gottesgeburt bezogene Stelle aus dem Hoheliedkommentar des Gregor von Nyssa, die in der Behauptung gipfelt:

> *Das in uns geborene Kind ist Jesus, das in denen, die es aufnehmen, heranwächst an Weisheit, Alter und Gnade, jedoch nicht in allen gleicherweise, sondern je nach der Fassungskraft des Aufnehmenden. So erscheint es dem einen als Kind, in einem andern als Jüngling oder als Vollendeter[11].*

Im Hintergrund dieser Stelle steht der Gedanke, daß der am Kreuz Gestorbene als Auferstandener in den Seinen auf- und fortlebt, doch so, daß er in ihnen seine Lebensgeschichte rekapituliert und dabei von Anfang an aufs neue durchspielt. Wenn es dabei nun aber darum geht, daß der Empfänger diese Geschichte mitvollzieht, geht er mit den Seinen in sie interpretierend und miterlebend ein, so daß von den Seinen auf die mystische Seite extrapoliert werden kann. So fällt von den Seinen nun auch Licht in das Dunkel, das über dem Anfang der Bewußtseinsgeschichte Jesu liegt, so daß darüber wenigstens soviel gesagt werden kann, daß auch sie mit dem Vorgefühl einer Todesdrohung und dem Aufschrei nach der göttlichen Retterhand beginnt. Wenn aber das angenommen werden darf, gewinnt die lukanische Episode mit dem Tempelbesuch des Zwölfjährigen unversehens Profil (Lk 2,41-52). In seiner verwunderten Gegenfrage:

> Wußtet ihr nicht, daß ich dorthin gehöre, wo mein Vater ist? (Lk 2,49)

spiegelt sich das Erlebnis einer Entfremdung von der Familienzugehörigkeit durch das Wissen um eine höhere, schicksalsbestimmende, die als solche dann auch Antwort auf die mit diesem Zerwürfnis aufgeworfene Frage geben wird. Es ist die Frage, die nach Augustin mit dem Menschsein aufgeworfen ist, die somit nicht so sehr gestellt als vielmehr existentiell gelebt wird: die Frage nach dem Sinn des Daseins und der sich daraus ergebenden Aufgabe. Nach Ausweis der Evangelien stellt sich Jesus diese Frage definitiv durch sein spannungsreiches Verhältnis zur Botschaft und zum Tod des Täufers. Auch wenn er nach dessen Gefangennahme die ihm entsunkene Fackel aufgriff (Mk 1,14), bringt er sie doch auf völlig neue Weise zum Leuchten. Denn sein „Daimonion" verwehrt es ihm, in die von jenem ausgetretene Spur zu treten und sich zum Vollstrecker des von ihm heraufbeschworenen Endgerichts zu erklären. Wie seine Antwort auf die Anfrage des Täufers zeigt (Lk 7,18-23), ist sein Verhältnis zu diesem durch Zweifel und Gegensätzlichkeit verschattet. So wenig erfüllt er die Erwartung des Täufers, daß er vielmehr darauf besteht, von diesem nicht als Anstoß empfunden, sondern anerkannt zu werden (Lk 7,27).

Gleiches gilt von seinem Verständnis des Todesschick-

sals, das er nach dem gewaltsamen Ende des Täufers
auf sich zukommen sah (Hengel). Als Märtyrer erlitt
der Täufer einen von ihm hingenommenen Tod, während Jesus den ihm drohenden Prophetentod als letzte, unumgängliche Konsequenz seiner Sendung
annahm (Lk 13,21ff.). Doch dadurch änderte sich sein
Verhältnis zum Tod von Grund auf. Und das nicht nur
hinsichtlich seines Todesverständnisses, sondern existentiell, so daß er sein Leben von da an als ein
beständiges „Vorlaufen" auf den Tod (Heidegger) und
diesen als sein „Sinnziel", verstanden als die definitive
Einweisung in die Sinngestalt seines Daseins, begriff.
Da er diese nur von seiner Gottesbegegnung im Tod
erhoffen, darauf im Interesse seiner Prophetenaufgabe
aber auch nicht warten konnte, erkühnte er sich, in
einem wahrhaft himmelstürmenden Akt Gott so anzu-
reden, wie es dessen im Tod erwarteter Antwort entsprach und wie er nie zuvor, unbeschadet aller Vorgrif-
fe und Gleichklänge, angerufen worden war: mit der
ehrfürchtigen Zärtlichkeitsanrede „Abba – Vater".
Wenn irgendwo die Dogmatik bei dieser Ableitung ins
Spiel kommt, dann hier. Denn so konnte er nur rufen,
weil er das schon immer war, wozu er sich in diesem
Ruf erhob. Denn mit diesem Ruf überstieg er die Ordnung der Kreatürlichkeit, weil er auf dieser Ebene nur
„Herr" hätte sagen können. Was dieser Überstieg aber
begrifflich bedeutete, wurde ihm deutlich, weil er sich,
wie jeder Sprecher, das von ihm Gesagte „gesagt sein
lassen" mußte. Denn nur so gewann es seine volle
Stringenz und Dignität. Das „Echo", das ihm auf seine
Anrede zurückgeworfen wurde, konnte dann aber nur
lauten: „Sohn". Denn nur so entsprach es dem trans-
kreatürlichen Verhältnis, zu dem er sich durch seine
Anrede erhoben hatte. Indem er Gott seinen Vater
nannte, war er in eine genealogische Beziehung zu

ihm eingetreten und, dogmatisch gesehen, das geworden, was er immer schon war. „Bezahlt" aber hatte er das mit der Annahme seines Todes, die sich damit als sein eigentliches Jurisdiktionsprinzip, mit Guardini gesprochen, als die exzessive „Annahme seiner selbst" erwies.

Mit dieser Anrede ließ Jesus die gesamte, auf den Status der Kreatürlichkeit gegründete Religiosität hinter sich. Denn mit ihr durchstieß er die Mauer der Unnahbarkeit Gottes; mit ihr überbrückte er den Abgrund der Gottesferne, und mit ihr erschloß er den Zugang zum Gottesherzen. Gleichzeitig erwies er sich damit als der größte Revolutionär der Religionsgeschichte, der, indem er sie überschritt, ihr eine neue Dimension eröffnete. Denn mit seinem Vorstoß in die „Tiefen der Gottheit" brachte er das ans Licht, was im Judentum und Hinduismus allenfalls erahnt und vorgefühlt worden war, und was der Erste Johannesbrief dann in das programmatische Wort faßte: „Gott ist Licht, und Finsternis ist nicht in ihm" (1Joh 1,5). Revolutionär ist dieser Satz, sofern die gesamte Religionsgeschichte im Zeichen einer ambivalenten Gottesvorstellung steht (Görg), da sich die Menschheit unter dem Eindruck ihrer zwiespältigen Geschichtserfahrung die Gottheit nur als Koinzidenz von Trost und Schrecken und damit als ebenso hilfreich wie bedrohlich denken konnte[12]. Denn mit seiner Gottesanrede nahm Jesus buchstäblich die Last der ganzen Welt auf seine Schultern, um sie zur Sonne der bedingungslosen Liebe emporzutragen (Sorge). Mit seinem Selbstbewußtsein als Gottessohn gewann er aber auch das Prinzip zur Lösung seiner Lebensaufgabe. Weil seine Gottessohnschaft die Frucht der väterlichen Liebe war, und weil es dem Formgesetz der Liebe entspricht, sich zu verschenken, sah er sich durch sie gedrängt, das, was er aufgrund seiner Sohnschaft war, an die „in Finsternis und Todesschatten" Wohnenden weiterzugeben. Wie sich Paulus durch die ihn überströmende Gottesliebe zu seinem apostolischen Wirken gedrängt sah (1Kor 9,16; 2 Kor 5,14), so wußte sich auch Jesus gesandt, „den Armen die Frohbotschaft zu verkünden, die gebrochenen Herzen zu heilen" und allen „das Gnadenjahr des Herrn anzusagen" (Lk 4,18). Daher unterzieht er sich seiner Aufgabe in erster Linie dadurch, daß er das Glück seiner Gottessohnschaft mit Hilfe der aus prophetischer Tradition übernommenen Vokabel „Reich Gottes" (Dan 7,14) seinen Hörers übereignet. Da ihm aber gleichzeitig in Gestalt seiner Wundertätigkeit eine zweite Sprache von ebenso großer Effektivität wie die seiner Bildreden und Gleichnisse zu Gebote steht, legt er Blinden, Lahmen und Aussätzigen die heilenden Hände auf, um dadurch zu zeigen, daß Gott in ihm in die Fundamente der todverfallenen Welt eingreift, um sie an sein Herz zu ziehen und im Vorgriff auf ihre endzeitliche Erlösung ihre Leiden zu lindern. In Bildszenen wie der – von der Mystik favorisierten – zu Füßen Jesu sitzenden Maria (Lk 10,39) entsteht aber der Eindruck, daß Jesus sich weder durch Worte noch durch Machterweise, sondern, vor dem einen wie dem andern, durch sich selber mitteilte. In Szenen wie dieser schlägt dann die für seine Gesamtwürdigung entscheidende Einsicht durch, daß er im Unterschied zu allen übrigen Religionsstiftern nicht nur eine Botschaft hat, sondern diese in leibhaftiger Verkörperung ist. Umgekehrt treten dann aber seine Worte und Wunder in einen neuen Aspekt: sie erscheinen als die beiden signifikantesten Formen seiner Selbstauslegung und damit in einem hermeneutischen Licht, so daß sie fortan, unbeschadet ihrer Eigenbedeutung, vor allem von ihm her entschlüsselt werden müssen. Er selbst ist, wie damit deutlich wird, das leibhaftige Interpretament all dessen, was er sagt und wirkt. Umgekehrt wird dann aber auch die Frage nach dem Schlüsselwort seines Redens und Verhaltens entscheidend wichtig. Die Suche danach in ihrer ganzen Folgenschwere begriffen und zum Ziel gebracht zu haben, ist das kaum hoch genug zu veranschlagende Verdienst Kierkegaards, der nach Ausweis seiner ,Einübung im Christentum' (1850) bei der großen Einladung an die Bedrückten und Beladenen (Mt 11,28) fündig wurde, obwohl ihm die sekundäre Herkunft des Wortes durchaus denkbar erschien. Danach präsentiert sich Jesus in diesem Wort als die mit ihm selbst identische und als solche aller menschlichen Erwartung zuvorkommende und von keinem ihrer Adressaten je wieder ablassende Hilfe, oder, auf ihre Herkunft zurückbezogen, als der leibhaftige Erweis der göttlichen Liebe.

Darauf mußte abgehoben werden, weil erst vor diesem Hintergrund die Tragödie Jesu zum Vorschein kommt. Denn weit davon entfernt, Jesus das „Brot" dieser Hilfe, wie anzunehmen wäre, aus der Hand zu reißen, schreckt die von ihm anfänglich angezogene Menschenmenge vor ihm zurück, als wäre sie von ihm bedroht und abgewiesen worden. So stürzt er in den Abgrund des über ihn in seiner Unkenntlichkeit hereinbrechenden „geheimen Leidens", mit dem er die ihm drohende Passion in einer Weise vorwegnimmt, daß sich seine Lebensgeschichte zusehends zu einer Leidensgeschichte gestaltet. An ihm tobt sich keineswegs, wie Balthasar und seine Epigonen meinten, der Zorn Gottes aus – denn „Gott ist die Liebe" (1Joh 4,5) –; vielmehr erleidet er die Konsequenzen der „Liebesunfähigkeit", in der Joseph Ratzinger den tiefsten Grund menschlichen Unglücks erkannte[13]. Denn der durch seine Todverfallenheit in ein konstitutives Selbstzerwürfnis versetzte Mensch fühlt sich von der Bedingungslosigkeit der von Jesus mehr noch gelebten als nur verkündeten Liebe derart überfordert, daß er sich lieber in das Hell-Dunkel des ambivalenten Gottes der Menschheitstradition flüchtet, als daß er sich dem gleißenden Licht der von Jesus zum Vorschein gebrachten Gottessonne aussetzt. Für den Mitvollzug dieser geheimen Passion aber erfordert das die Bereitschaft zum Miterleiden der Unkenntlichkeit, der Zurückweisung und Ablehnung, weil nur so jene „Kenntnis" zu gewinnen ist, die nach Paulus aus der Fühlung der „Kraft" der Auferstehung Jesu und der „Leidensgemeinschaft" mit ihm erwächst (Phil 3,10).

Das Schicksal Jesu entschied sich nach dem ihm vom Johannesevangelium in den Mund gelegten Wort darin, daß die Menschen „der Finsternis den Vorzug gaben vor dem Licht" (Joh 3,19). Mit seiner Botschaft störte er das Gleichgewicht von Trost und Schrecken, mit dem sie sich abgefunden hatten, und brachte er die Gottesbeziehung ins Wanken, die sich seit unvordenklichen Zeiten eingespielt hatte. So empfanden sie ihn als den lästigen Ruhestörer, der im Interesse der mühsam errungenen Stabilität beseitigt werden mußte. Das galt gerade auch von den politischen Verhältnissen. Mit seiner Liebesbotschaft schlug er den Zeloten, die im Begriff standen, das Gesetz des Handelns an sich zu reißen, den religiösen Vorwand ihres Freiheitskampfes aus der Hand. Und mit seinem Tempelprotest, der mit der symbolischen Unterbrechung des Opferdienstes (Mk 11,16) eine Religiosität „im Geist und in der Wahrheit" (Joh 4,24) in Aussicht stellt, drohte er das von Rom zugestandene Religionswesen zu gefährden. Im Grunde war sein Konflikt der des Initiators einer alles durchgreifenden Innovation mit den

Beharrungskräften, die auf der mühsam genug zustande gebrachten Ordnung bestanden; und in diesem Kampf unterlag er.

Doch damit schlug für ihn die Stunde der Einlösung dessen, was er mit seiner Todeshingabe längst schon vorweggenommen hatte, johanneisch ausgedrückt, seiner „Verherrlichung" (Joh 12,23) und „Erhöhung" (12,32). Damit liefert er sich keineswegs dem Zorn Gottes oder der menschlichen Sündenschuld aus, und dies um so weniger, als der Zorn in seiner Denkwelt keine und die Sünde nur in ihrem strukturellen Verständnis eine Rolle spielt; vielmehr zog er jetzt aus seinem Lebenswerk die Summe, indem er nun definitiv die Annahme des für den Menschen letztlich Unannehmbaren, des Todes, vollzog. In der Geste des Brotbrechens beim letzten Abendmahl übergibt er sich dem Tod, indem er sich den Seinen im Sinn seines dialogischen und diakonischen Verhaltens übereignet. Damit beschließt er seine individuelle Lebensgeschichte, um von nun an in ihnen auf- und fortzuleben. Damit antizipiert er das, was zuletzt am Kreuz geschieht, wenn er das Schweigen, mit dem er die Torturen der Passion über sich ergehen ließ, mit seinem Todesschrei bricht. Nach der tiefsinnigen Deutung des Hebräerbriefs (5,7) ist das sein im letzten Augenblick ausgestoßener Notschrei, den Gott nun aber nicht (wie Joh 12,28) mit einer Verheißung oder, wie es die Umstehenden (nach Mk 15,35f.) erwarten, mit der Sendung eines himmlischen Retters, sondern mit seinem rettenden Selbsterweis beantwortet, indem er ihn in seine göttliche Lebensfülle aufnimmt. Und dieser Todesschrei ist zugleich sein letztes „Abba – Vater", das ihm, indem er es sich nun definitiv „gesagt sein" läßt, nicht nur das Bewußtsein, sondern das Sein der Gottessohnschaft vermittelt. Als Sohn aber ist er nun endgültig dem Status der todverfallenen Kreatürlichkeit enthoben und in das nur genealogisch zu bezeichnende transkreatürliche Gottesverhältnis aufgenommen, er, der vom Tod auferweckte Gottessohn. Weil das ein Ereignis der denkbar höchsten Liebe ist, verbindet sich für ihn damit abermals dieselbe Aufgabe wie die, bei der er sich schon beim ersten Erwachen seines Sohnesbewußtseins gestellt sah: die jetzt geradezu zum „Zwang" gewordene Aufgabe, sein Glück den Menschen zu übereignen. Und dieser Verpflichtung genügt er, indem er nun nicht mehr wie damals im Sinn seines dialogischen und diakonischen Verhaltens redet und wirkt, sondern indem er von ihnen Besitz ergreift und ihnen einwohnt. So krönt er als der in ihnen Fortlebende das, was er lebensgeschichtlich in seinem Reden und Helfen begonnen hatte. Indessen setzt er sein damaliges Wirken doch noch in der Form fort, daß mit ihm der „für uns zur Weisheit Gewordene" (1Kor 1,30) im Herzen der Glaubenden Wohnung nimmt und daß er sich ihnen als das leibhaftige Gotteswunder übereignet.

DIE AUFGABE

Die sich damit stellende Aufgabe betrifft ebenso die Unterscheidung der Geister wie die der Gottesbilder. Was zunächst die Gottesbilder anlangt, so besteht der kardinale Fehler der angesprochenen Theologie darin, daß sie, wie Reiser erkennen läßt, von der Komplementarität der Gerichts- und Liebesbotschaft ausgeht; denn für ihn ist das Gericht „die Kehrseite des Heils" und dessen „notwendige Voraussetzung", aber auch die Konsequenz des abgelehnten Heilsangebots. Damit zieht er mit der Vorstellung des ambivalenten Gottes gleich, die kusanisch auch als die Koinzidenz von Mysterium fascinosum und tremendum in Gott beschrieben werden könnte. Wenn aber der Satz „Gott ist Licht, und Finsternis ist nicht in ihm" recht behält, ist „Zorn" keine Eigenschaft Gottes, da damit die Alternativelosigkeit seiner Liebe in Abrede gestellt würde. Denn die Liebe Gottes kennt kein Außerhalb; vielmehr nimmt sie den ganzen Raum des Denkbaren ebenso wie des Seienden und Möglichen ein[14]. Wer von ihr abzusehen sucht, begibt sich in den Bereich des Imaginären und Fiktiven. Wohl aber kennt sie ein Innerhalb, das sich gleicherweise auf das göttliche wie auf das menschliche Selbstverhältnis bezieht. Daher muß das göttliche Selbstverhältnis nach Art einer trinitarischen Liebesbeziehung gedacht werden, während vom menschlichen das bewegende Wort aus Augustinus' ,Confessiones' gilt:

> Spät habe ich Dich geliebt, du ewig alte und neue Schönheit, spät habe ich dich geliebt. Denn du warst drinnen und ich war draußen…Du warst bei mir, aber ich nicht bei Dir. Weit wurde ich von dir abgehalten von dem, was doch nicht wäre, wäre es nicht in Dir. Du hast gerufen und dein Schrei brach meine Taubheit. Du hast geblitzt, und dein Strahl tilgte meine Blindheit. Deinen Duft habe ich geatmet und sehne mich nun nach dir. Dich habe ich verkostet, nun hungere und dürste ich nach dir. Du hast mich berührt, und nun verzehre ich mich im Verlangen nach deinem Frieden. (X, c. 27)

Danach kann nur der Impuls der göttlichen Liebe zur vollen Selbstaneignung verhelfen. Indem sie den Menschen in ihr „Innerhalb", dem das paulinische „in Christus" entspricht, aufnimmt, schafft sie in ihm die „Innerlichkeit" des geglückten Bei-sich-seins. Für

Augustin wäre das der – für den Menschen freilich
unerreichbare – „Himmel", weil er durch sein „Schwergewicht", insbesondere in Gestalt seiner Gewohnheit,
in eine permanente Abhaltung von sich selbst und in
Zustände der Selbstentfremdung versetzt wird. Doch
bleibt ihm dabei das Bewußtsein, daß er nur in seiner
Innerlichkeit dort ist, wo er hingehört.

Was die von Paulus angesprochene „Unterscheidung
der Geister" betrifft (1Kor 12,10), so nötigt sie zunächst
zur Denunzierung jener Tendenzen, die der Heils-
und Liebesbotschaft Jesu entgegenstehen und ihre
Durchsetzung im heutigen Glaubensbewußtsein ver-
hindern. Dabei braucht der durch die Theoretiker des
Zornes und der Strafgerechtigkeit Gottes repräsentierte Trend allerdings nur am Rand erwähnt zu werden,
weil er sich nur allzu deutlich als Epiphänomen im
Erscheinungsbild der Gegenwartstheologie erweist.
Signifikanter sind demgegenüber die Vertreter einer
sakrifikalen Stellvertretungs- und Sündenbocktheolo-
gie, die jedoch auch ihrerseits auf einen tieferliegen-
den Problemherd zurückweisen. Angesprochen ist
damit die noch immer nachwirkende – zumal auch in
der Rechtfertigungslehre nachwirkende – Opfer- und
Sühnevorstellung, die von Nietzsche zwar undifferen-
ziert, aber nicht unzutreffend als Rücksturz in ein
„schauderhaftes Heidentum" bezeichnet wurde. Sie
muß heute definitiv zur Diskussion gestellt werden, da
die heutige Exegese zeigte, daß sich in den Leidens-
weissagungen Jesu nicht die geringste Spur des Wissens um eine ihm abverlangte Sühneleistung nachweisen läßt und daß, wenn es sie gäbe, dadurch seine –
sündenvergebende – Lebensleistung entwertet würde
(Prosch). Nietzsche stieß gleichzeitig zu der Erkenntnis
vor, daß die Satisfaktionslehre unter dem Druck der
mit dem Kreuzestod Jesu aufgeworfenen Warumfrage

entwickelt wurde, aller Wahrscheinlichkeit nach durch die (nach Apg 6,7) „Menge von Priestern", die sich der Urgemeinde anschlossen und diese zur Gleichsetzung des Kreuzestodes mit einem Opfertod bewogen.

Mit der Einsicht, daß Jesus mit seiner Entdeckung des bedingungslos liebenden Gottes die große Innovation der Religionsgeschichte herbeiführte, wurde die Satisfaktionsvorstellung, auch in ihrer neuerdings favorisierten Modifikation, ebenso wie die mit ihr wurzelverwandte Rechtfertigungslehre, obsolet. Denn abgesehen davon, daß sie in seiner Lebens- und Bewußtseinsgeschichte nicht den geringsten Anhalt hat, verstieß sie auch gegen die fundamentale Einsicht, daß der Tod des Menschen so wenig wie er selbst im Interesse der Wahrung seiner Würde nicht funktionalisiert werden darf. Doch eben dies geschieht, wenn man ihm unterstellt, daß er zum Zweck einer Sühneleistung sterben mußte. Da der Opfer- und Sühnegedanke aber nicht nur in die gesamte Gebetswelt der Christenheit, sondern bis in die Abendmahlsworte eindrang, stellt sich mit dem Versuch seiner Überwindung eine fast unlösbar schwere Aufgabe, die vermutlich erst zu bewältigen sein wird, wenn sich die bereits angesprochene Wende von der Schuld- zur Schamkultur im allgemeinen – und öffentlichen – Bewußtsein durchgesetzt haben wird. Denn der Sühnegedanke lebt vom schlechten Gewissen derer, die sich an Jesu Tod schuldig fühlen und deshalb nach Entsühnung verlangen. Doch das Kreuz Jesu ist keine Anklage und (trotz Kol 2,14) keine „Schuldschrift", sondern die Magna Charta der (nach Joh 13,1) bis „zum Äußersten" gegangenen Liebe. Sie aber macht keine Vorhaltungen, sondern gibt sich hin, um ihre Empfänger an sich zu ziehen und in ihr „Innerhalb" hineinzunehmen.

Doch die sich aufdrängende Unterscheidung der Gei-

ster bezieht sich weniger auf diejenigen, die den Liebeserweis Gottes direkt oder indirekt in Abrede stellen, sondern weit mehr noch auf die, die sich außerstande sehen, ihn anzunehmen. An dieser von Ratzinger beklagten „Liebesunfähigkeit" der Menschen entschied sich schon das Schicksal Jesu, der, wie Kierkegaard auf einem Höhepunkt seiner ‚Einübung im
Christentum' deutlich machte, gerade durch das Aner-
bieten seiner exzessiven Hilfe den Protest und den
Abfall der Adressaten und schließlich seinen Tod her-
aufbeschwört. Grund dieser Ablehnung ist aber nicht
nur die konstitutive Liebesunfähigkeit des Menschen,
sondern auch ein verstörtes Gottesbild, das im Fall der
Zeitgenossen Jesu, wie sich aus der lukanischen Naza-
retperikope ergibt, in dem durch den Haß auf die
römische Fremdherrschaft hervorgerufenen Bild eines
Rachegottes bestand. Trotz anfänglicher Zustimmung
schlägt die Stimmung der Synagogenbesucher in ihr
mörderisches Gegenteil um, als sie bemerken, daß
Jesus in der von ihm verlesenen Jesajastelle den
abschließend angekündigten „Tag der Rache" ersatzlos
gestrichen hatte (Lk 4,17. 30. Jes 61,1).
Im Fall des heutigen Menschen besteht diese Blockade
zunächst – und vor allem – in der immer noch nachwirkenden Traumatisierung des Denkens und Fühlens
durch die nun allerdings, wie aufgrund der Zeitzeichen zu hoffen ist, zu Ende gehende Epoche der
Gewalt, nicht zuletzt der Gewalt zwischen Glaubenden und Glaubenden, ja sogar Christen gegen Christen, angefangen von den Ketzerverfolgungen, die
sogar Augustin nach anfänglichen Bedenken befür-
wortete, bis hin zu den verabscheuungswürdigen
Praktiken der historischen und zeitgenössischen Inqui-
sition und den Religions- und Glaubenskriegen, zu
denen als ungeheuerlichster Exzess die Shoa hinzu-

kam. Stigmatisiert durch diese Erfahrungen, ist für allzu viele die Botschaft von Gottes bedingungsloser Liebe befremdlich, wenn nicht unannehmbar. Hier bedarf
es einer hohen Überredungskunst, wenn diesen gegen
ihre emotionale Sperre die Liebe glaubhaft und sie
soweit gebracht werden sollen, daß sie den johanneischen Satz mitsprechen können:

> *Wir haben an die Liebe geglaubt, die Gott zu uns*
> *hegt. (1Joh 4,16)*

Der von Werner Bergengruen in Erinnerung gerufene
Folgesatz:

> *Furcht ist nicht in der Liebe; vielmehr treibt die voll-*
> *kommene Liebe die Furcht aus. (1Joh 4,17f.)*

gilt für sie ebenfalls, da sie unter dem Eindruck der
jahrhundertelang herrschenden Gewalt unter das
Sklavenjoch der Angst gerieten (Hebr 2,15); er gilt aber
unmittelbarer noch für diejenigen, die, wie Karl Frielingsdorf nachwies[15], durch frühkindliche Traumatisie-
rungen, vor allem im Gefolge einer dämonisierten
Gottesvorstellung, das Vertrauen in die Heilkraft des
Glaubens verloren und einem Dasein im Schatten der
Angst verfielen. Was jene anlangt, so wirkt die terrori-
stische Gewalt, auch wenn sie andern angetan wird,
einschüchternd und verängstigend, während diese im
Gefolge einer frustrierenden und verletzenden Erzie-
hung erst recht einem von Ängsten gepeinigten Leben
verfielen. Wie soll den einen wie den andern die Liebe
glaubhaft gemacht und ihnen zur Überwindung ihrer
Verletzungen und Schädigungen verholfen werden?

DIE ÜBERREDUNG

Wenn den noch immer im Schatten der Gewalt Verharrenden die befreiende Macht der Liebe glaubhaft gemacht werden soll, dann in erster Linie durch die Entschlüsselung ihrer Motive und der Widersprüchlichkeit ihrer Zielvorstellung. Daß sie ihre Strategie einmütig mit der unerläßlich gewordenen Behebung eines Verdrängungsprozesses begründen, läßt keinen Zweifel daran, daß ihnen primär an der Wiederherstellung eines verlorenen oder gestörten Gleichgewichts gelegen ist, das sie offenbar mit einer Balance von Furcht und Trost gleichsetzen. Das aber ist, auf den Kern zurückgeführt, das Plädoyer für den ambivalenten, zwischen Schrecken und Faszination oszillierenden Gott der Menschheitstradition, der für sie mehr noch der Gott des Zornes als der der Liebe ist, da sie nur dem drohenden und strafenden Gott wahre Geschichtsmächtigkeit zutrauen.

Dieser Position muß nun aber zweierlei vor Augen geführt werden: erstens die für eine christliche Theologie geradezu ungeheuerliche Tatsache, daß sie weder der Gottesverkündigung Jesu noch deren Prämisse in Gestalt der Inkarnation gerecht wird. Denn das Existenz- und Lebensrecht des Christentums steht und fällt mit der Frage, ob ihm eine im Vergleich zu allen andern Religionen, insbesondere aber zu der ihm wurzelverwandten, der jüdischen, innovative Gottesvorstellung zugrundeliegt, und diese nicht nur auf die Intuition, sondern auf die Existenz seines Stifters zurückgeht. Wenn dieser aber dem christlichen Bekenntnis zufolge der menschgewordene Sohn Gottes ist, konnte seine Sendung unmöglich darin bestehen, die Menschheit in dem Gottesbild zu bestätigen, in dem sie von Anfang an befangen war. Dann müßte er ihr vielmehr das mitteilen, was er und nur er als der vom Herzen Gottes Kommende wußte und war und was seiner innovativen Botschaft zufolge dazu angetan war, die Welt, zusammen mit ihrer religiösen Befangenheit, ihrer Todes- und Leidverhaftung und zumal auch ihrer konstitutiven Angstverfallenheit zu entreißen.

Zweitens muß ihr deutlich gemacht werden, daß sie sich in einem verhängnisvollen Rückstand befindet, da mit der zu Ende gehenden Epoche der Gewalt ein neues, auf die gewonnene Freiheit – und Einheit – abgestimmtes Denken angesagt ist, paulinisch ausgedrückt, ein Denken im Sinn des zu neuer Aktualität gelangten Satzes:

> *Jetzt ist sie da, die Zeit der Gnade; jetzt ist er da, der Tag des Heils! (2Kor 6,2)*

Zu diesem „Umbruch des Denkens" (Steinbüchel) wird sich die noch immer in Gewalt- und Angstvorstellungen befangene Vernunft aber schwerlich bewegen lassen, solange ihr dies nur argumentativ vor Augen geführt wird. Erforderlich ist vielmehr eine Suggestion, die ihr zur Überwältigung durch die liebende Selbstoffenbarung Gottes verhilft, die sie also davon überzeugt, daß diese Liebe ihre Empfänger mit sanfter Gewalt überströmt und sie in ein ekstatisches Verhältnis zu Gott versetzt, wie es der Jubelruf des ersten Johannesbriefs zum Ausdruck bringt:

> *Seht doch, welch große Liebe der Vater zu uns hegt, daß wir Kinder Gottes nicht nur heißen, sondern sind! (1Joh 3,1)*

Von dieser Liebe kann im Grunde nicht registrierend und argumentierend, sondern nur emphatisch, im Ton des Entzückens und der urchristlichen Begeisterung gesprochen werden. Sie übt einen Sog aus, der dem Schwergewicht der Gewohnheit (Augustin) entgegenwirkt und der Niedergeschlagenheit durch Angst und Sorge enthebt. Die Erdenschwere schwindet aber in dem Maß, wie, aufgenommen in die Liebe, der Stand der Gotteskindschaft erreicht und eingenommen wird. Damit wiederholt sich im Liebenden das, was dem Gekreuzigten widerfuhr, als sein Not- und Todesschrei, verstanden als seine verzweifelte Abba-Anrufung, durch den rettenden Selbsterweis Gottes beantwortet und er in das transkreatürliche Verhältnis der Sohnschaft aufgenommen wurde. Symptom dieser Erhebung aber ist das Schwinden von Angst und Sorge; denn die vollkommene Liebe treibt nach dem bereits angeführten Johanneswort „die Furcht aus". Was aber die Sorge anlangt, vollzieht sich im Liebenden der Sorgentausch, zu dem Jesus mit der Mahnung aufruft: „Sucht zuerst das Reich Gottes und seine Gerechtigkeit, und alles wird euch hinzugegeben werden" (Lk 12,31).

DIE BERICHTIGUNG

Zuletzt aber bedarf es einer Korrektur, die ebenso die traumatisch Verletzten wie die in vorjesuanischen Vorstellungen Befangenen betrifft. Den traumatisch Geschädigten muß klargemacht werden, daß Jesus mit seiner Abba-Anrede kein Gottesbild entwirft, sondern eine Beziehung stiftet. Denn der Vater, zu dem er aufblickt und aufzublicken lehrt, ist keine Aussage über eine Erscheinungsweise Gottes, sondern der Inbegriff des zu ihm aufgenommenen genealogischen Verhältnisses. Bildlich gesprochen ist es der Pol, an dem sich der zur Kindschaft Berufene festmacht, anders ausgedrückt: die ihm entgegengestreckte Hand, die ihn der

Todverfallenheit entreißt und in die Freiheit der Gotteskinder aufnimmt. Väterliche Zerrbilder oder „dämonische Gottesbilder", wie sie Frielingsdorf annimmt,
können diesen Anschluß nur dann behindern, wenn
der Abba-Anrufung Jesu eine Bildqualität unterstellt
wird. Zwar deutet die Rede von dem Vater, der die
Lilien des Feldes bekleidet, die Vögel des Himmels
ernährt und die Sorgen der Menschen kennt, in diese
Richtung; doch sprechen sie, genauer besehen, von
einer Beziehung und nicht von einem Bild. Wenn das
begriffen und therapeutisch umgesetzt wird, verlieren
die traumatischen Irritationen zusehends an Einfluß,
um schließlich ganz zu verschwinden oder doch nur
noch gelegentlich und vom Rand her aufzuflackern.
Bei der Berichtigung des theologischen Trends geht es
demgegenüber um die Gewinnung der Synchronie
mit dem politischen und mystischen Zeitgeschehen.
Denn die noch immer unter dem nachwirkenden
Bann der Gewaltära stehende Theologie muß mit dem
großen Freiheitsereignis gleichzeitig werden, um sich
von den alten und den neu auflebenden Schreckvorstellungen lösen und den mit der anbrechenden Friedenszeit aufgeworfenen Fragen, in erster Linie der
nach der genuinen Jesusbotschaft, zuwenden zu können. Da sich dem ganz besonders die paulinische
Rechtfertigungslehre in den Weg stellt, muß der von
Ed Parish Sander zutage geförderten Erkenntnis Bahn
gebrochen werden, daß sich darin zwar ein Hauptanliegen seiner Misssionspredigt spiegelt, nicht jedoch
seine ureigene Konzeption. Denn diese kreist ausschließlich um das Motiv der mystischen Verbundenheit Christi mit den Seinen, während es der Missionspredigt des Apostels darum zu tun ist, seine Freiheitsbotschaft mit allem Nachdruck von der Vorstellungswelt des gesetzesfrommen Judenchristentums abzu-

grenzen. Darin – und nur darin – bestand der Zweck der Rechtfertigungslehre, die als exoterische Strategie scharf von der Esoterik des Apostels unterschieden werden muß.

Vor allem aber muß die versuchte Berichtigung darauf ausgehen, der Gegenwartstheologie zur Gleichzeitigkeit mit dem Stand des mystischen Geschichtsgangs zu verhelfen. Nachdem den Hinweisen Gertrud von le Forts zufolge das Stadium der Todesangst Jesu und das seines Todes durchschritten ist, spricht manches dafür, daß die Gegenwart im Zeichen seiner Auferstehung steht. Negativ bestätigt das die offenkundige Krise des Auferstehungsglaubens, positiv die Tatsache, daß die durch die Aufklärung aus dem Horizont des rational Nachvollziehbaren ausgegrenzte Auferstehung durch die zeitgeschichtliche Entwicklung wieder denkbar geworden ist. Wenn der freiheitliche Aufbruch bei aller Würdigung der auf ihn hinweisenden innerweltlichen Faktoren letztlich nur unter Annahme einer göttlichen Intervention zu erklären ist, kommt das der Widerlegung der gegen den Auferstehungsglauben gerichteten These gleich, daß durch diese Annahme der Geschichtskontext gesprengt und, wie David Friedrich Strauß behauptete, „jede Geschichte unmöglich gemacht" würde. Dem alten Grundsatz zufolge gilt vielmehr: *ab esse ad posse valet illatio*; was faktisch geschehen ist, muß auch möglich und denkbar sein. Nur würde man sich den Zugang verbauen, wenn man den angenommenen Eingriff nach Art einer innerweltlichen Verursachung auffassen wollte. Doch Gott verhält sich zur Geschichte der ingeniösen Einsicht Martin Deutingers zufolge nicht wie zu seiner Schöpfung als Creator, sondern wie ein zeugender Vater und somit als Genitor. Seine Intervention hat demnach einen genealogischen, nicht den meist fälschlich angenommenen kausativen Charakter. Doch gerade dadurch wird die Auferstehung Jesu auf neue Weise denkbar, weil sie nach dem Eingangswort des Römerbriefs (1,4) seiner „Einsetzung zum Gottessohn mit Macht" gleichkommt. Im Maß, wie es der Gegenwartstheologie gelingt, mit diesem Geschehen gleichzuziehen, wird es ihr gelingen, die trotz herausragender Einzelleistungen (Kessler) insgesamt zu beklagende Marginalisierung des Osterereignisses zu überwinden und die Auferstehung Jesu als Basis und Herzstück des Christenglaubens zur Geltung zu bringen.

DIE GOTTESKINDSCHAFT

Die Einsetzung des Gekreuzigten und seine Auferstehung „zum Gottessohn mit Macht" hat grundlegende Konsequenzen für die christliche Anthropologie, so wie diese den Zugang zur Welt des Glaubens erschließt. Die christliche Sicht des Menschen aber gipfelt nicht etwa, wie vielfach angenommen wird, im alttestamentlichen und auch von Paulus (1Kor 11,7) aufgenommenen Gedanken von der Gottebenbildlichkeit des Menschen (Gen 1,26), sondern in dem von seiner Erhebung zur Gotteskindschaft. Darauf zielt der Gedanke, daß sich Gott nicht als Creator, sondern als Genitor zur Geschichte verhält; denn davon ist zusammen mit dem Selbstverhältnis Jesu auch das des Menschen betroffen. Von hier aus ergibt sich ein erstaunlicher Durchblick. Wie Gott den Gekreuzigten nicht im Tod belassen, sondern seinen Not- und Todesschrei mit einem rettenden Selbsterweis beantworten und ihn dadurch in ein transkreatürliches Verhältnis zu sich aufnehmen mußte, so nahm er sich in diesem Geschehen auch aller an, die „lebenslang das Joch der

Todesfurcht" zu tragen haben (Hebr 2,15). Ihnen führte er, mit Paulus (Gal 3,1) gesprochen, mit dem im
Glanz des Osterlichts erstrahlenden Kreuz vor Augen,
daß er sie nicht in dieser Versklavung belassen, sondern sie gleichfalls in ein genealogisches Verhältnis zu
sich aufnehmen und so, wie der Kolosserbrief versichert, der „Finsternis" ihres todverfallenen Daseins
entreißen und sie in das Reich seines auferweckten
Sohnes versetzen wollte (Kol 1,13). Darin besteht das
mit dem johanneischen Jubelruf gerühmte „Seins-
glück" der Gotteskindschaft, die Erhebung zu einem
Werdeziel, das uns (nach 1Joh 3,1) nicht nur nominal
zuerkannt, sondern in der Weise einer realen Vorwegnahme bereits zugewiesen ist.

Es war Paulus, der, gestützt und eingewiesen durch
sein visionäres Schlüsselerlebnis, den Sinn der Gotteskindschaft sowohl im Galater- als auch im Römerbrief
vergegenwärtigte. Wenn der Apostel die ihm in seiner
Damaskusvision widerfahrene „Offenbarung" als die
des Gottessohnes (Gal 1,16) bezeichnet, steht zwar
„auf jeden Fall fest", daß der von ihm genannte
„Sohn" mit dem von ihm zuvor erwähnten „Jesus
Christus" (Gal 1,12) „identisch ist" (Musssner)[16]. Doch
bleibt dabei die durch den Hinweis auf vorpaulinische
Benennungen nicht zu beantwortende Frage offen,
wie der Apostel dazu kam, den ihm Erscheinenden als
„Gottessohn" zu bezeichnen[17]. Wenn man aber im
Sinn der Wendung, daß ihm diese Enthüllung durch
„Gottes Güte" widerfuhr, davon ausgeht, daß er sie als
einen göttlichen Liebeserweis verstand, kam das
einem Wandel seines Gottesbildes gleich. An die Stelle
des Gottes der Gerechtigkeit und des Gesetzes, in dessen Namen er bisher „geeifert" hatte (Gal 1,3f.), trat
der Gott der sich mit seinem Innersten verschenkenden Liebe. Doch dadurch wurde der Herr über Leben

und Tod zugleich zum Gott des dem Tod entreißenden und sich verschenkenden Lebens, der ihn, den Empfänger seiner Offenbarung, der Todesfurcht enthob und in ein nur als „kindlich" zu bezeichnendes Nahverhältnis zu sich zog. Von dieser Fundamentalaussage her wird nun die Stelle über die Sendung des Sohnes wie eine Extrapolation der Schlüsselstelle lesbar:

Als die Zeit erfüllt war, sandte Gott seinen Sohn, geboren aus einer Frau, dem Gesetz unterstellt, damit er die dem Gesetz Unterworfenen befreite und wir die Einsetzung zur Sohnschaft erlangten. Weil ihr nun Söhne seid, sandte Gott den Geist seines Sohnes in unsre Herzen, der „Abba-Vater" ruft. So bist du nun nicht mehr Sklave, sondern Sohn, wenn aber Sohn, dann auch Erbe durch Gott. (Gal 4,4ff.)

Was aus der Schlüsselstelle nur gefolgert werden konnte, ist in dieser Verallgemeinerung in aller Form entfaltet. Was Paulus in der Damaskusvision als dem einen Auserwählten widerfuhr, ist hier als Weltereignis beschrieben und ausgelegt. Wie ihm wurde durch die sich in der Zeitenfülle ereignende Gottestat (Wikenhauser) allen Aufnahmebereiten das Geheimnis des Gottessohnes mit ebenso befreiender wie erhebender Wirkung zugesprochen. Befreit wurden sie von den Fesseln des Gesetzes und erhoben zum Rang und zum Stand der Gotteskindschaft. Weil dieser Zuspruch zugleich inspirierende Wirkung hatte, wurden sie durch ihn auf neue Weise beredt, so daß sie die Abba-Anrufung Jesu nach- und mitsprechen konnten. Beides gehört daher so sehr zusammen, daß das eine zur Bedingung des andern und dieses zur Folge des ersten wurde: die Gotteskindschaft zur Voraussetzung der Gottesanrede und diese zum Ausdruck der Erhebung in das genealogische Gottesverhältnis. Großes Gewicht legt der Apostel dabei auf die Verdeutlichung der Konsequenzen dieser Gottestat. Sie setzte dem bisherigen Sklavenstand der Glaubenden ein Ende und schenkte ihnen die erlösende Freiheit, die Paulus in der Folge mit dem pleonastischen Satz würdigt:

Zur Freiheit hat uns Christus befreit. (Gal 5,1)[18]

Das aber ist für Paulus nicht so sehr die Freiheit der gesprengten Fesseln und der überwundenen Zwänge als vielmehr der freigesetzten größeren Möglichkeiten, die Freiheit der Werdemöglichkeit zum Ziel der Gotteskindschaft. Im Dunkeln bleibt allerdings, was er konkret unter dem „durch Gott" gewonnenen Erbe versteht. Daß damit kein Besitzstand, sondern ein Zustand gemeint ist, sagt dann das große Wort des Römerbriefs, das unmittelbar an die Wendung von der überwundenen Versklavung anknüpft:

Ihr habt doch nicht den Geist der Knechtschaft empfangen, so daß ihr euch wiederum fürchten müßtet, sondern den Geist der Sohnschaft, in dem wir „Abba-Vater" rufen. Der Geist selbst bezeugt es unserm Geist, daß wir Kinder Gottes sind. Wenn aber Kinder, dann auch Erben: Erben Gottes und Miterben Christi, die mit ihm leiden, um mit ihm verherrlicht zu werden. (Röm 8,15ff.)[19]

Abschließend wird hier das Motiv „Erbe" erläutert, sofern von den „Miterben Christi" die Rede ist, die mit ihm verherrlicht werden, weil sie eine Leidensgemeinschaft mit ihm aufgenommen hatten. Ungleich eindringlicher wird jedoch eingangs die Vorstellung von der Überwindung der Knechtschaft entfaltet. Denn diese wird mit dem Zustand der Furcht gleichgesetzt, der unter dem „Zuchtmeister" des Gesetzes herrschte und die ihm Unterworfenen zur Unmündigkeit verurteilte (Gal 3,24f.). Die Bekehrung zu Christus bedeutet nun aber weder, daß mit ihr ein Rücksturz in diesen Zustand zu befürchten ist, noch viel weniger, daß neue Ängste auf die alten gehäuft werden. Denn durch sie wurde die bisherige Heteronomie unwiderruflich in die mit der Gotteskindschaft gewonnene Freiheit hin überschritten. Daß damit der Stand einer zuvor nie erreichbaren Werdemöglichkeit gewonnen ist, zeigt sich an der damit erlangten „Mündigkeit", die ihren schönsten Ausdruck in der Befähigung findet, die Abba-Anrufung Jesu nach- und mitzusprechen. Denn dazu ist nur der gleicherweise in ein Nahverhältnis zu Gott wie der zu einem diesem entsprechenden Selbstverhältnis Gelangte fähig. Diese Intensivierung des Selbstverhältnisses aber erlangte er durch den Beistand und den Zuspruch des Geistes, der ihn seiner Gotteskindschaft vergewisserte. Dabei wird die gewonnene Gewißheit zum Index des höheren Selbstbesitzes und ebenso zur Befähigung, sich dessen reflektierend zu vergewissern. In unübersehbarem Rückbezug auf Paulus bringt das Nikolaus von Kues mit der Stelle aus ‚De visione Dei' zum Ausdruck:

Wenn ich mich in die Tiefe meines Herzens versenke, vernehme ich deine Stimme, die zu mir sagt: Sei dein eigen, dann bin auch ich dein eigen – sis tu tuus, et ego ero tuus. (c. 7,25)

Nur geht bei Paulus die Zueignung Gottes der Selbstaneignung des Beters voran, während bei Cusanus bereits der Geist des aufbrechenden Subjektivismus fühlbar wird. Im selben Sinn beschreibt dieser dann in ‚De filiatione Dei' das Wesen des Gotteskindschaft:

Ich glaube nicht, daß wir in dem Sinn Kinder Gottes werden, daß wir dann etwas anderes sein würden, als

was wir jetzt sind; vielmehr werden wir dann in
anderem Maß und auf neue Weise das sein, was wir
jetzt in der uns zugemessenen Weise sind. (fol. 65v)

KEINE FINSTERNIS

Zwar hat Paulus nach Ulrich Wilckens zunächst die
Gefahr eines Rückfalls in die angstbesetzte Heteronomie der Gesetzesreligion im Auge, wenn er zu Eingang des großen Römerwortes mahnt: *„Ihr habt doch*
nicht den Geist der Knechtschaft empfangen, so daß ihr euch
wiederum fürchten müßtet" (Röm 8,15)[20]. Da das Wort
aber die Aufhebung der Heteronomie als Grund der
Verheißung nennt, soll mit ihm zweifellos auch gesagt
sein, daß der Glaubende nicht zu befürchten braucht,
daß ihm das Christsein zu den alten Ängsten neue
aufbürdet. Wenn es aber so verstanden werden kann,
liegt ihm auch der vom Markusevangelium (5,36)
bestätigte Gedanke von der angstüberwindenden
Kraft des Glaubens zugrunde. Danach ist sein wahrer
Gegensatz nicht, wie allgemein angenommen wird,
der Unglaube in seiner nur reflektierten oder athe-
istisch zugespitzten Form, sondern die Angst. Die
Richtigkeit dieses Ansatzes springt in die Augen, wenn
man den Glauben mit Martin Buber auf seine Emuna-
Struktur zurückführt und ihn als den Akt der Einwur-
zelung in der Gotteswirklichkeit versteht. Die Angst
aber könnte ihm in dieser Sicht nicht konträrer sein,
weil sie dem tief Geängsteten, wie Heidegger ebenso
wie Gertrud von le Fort verdeutlichen, den Eindruck
vermittelt, im Bodenlosen zu schweben und keinen
Halt im Sog des Nichts zu finden. Der Glaube aber
bietet nicht nur den gesuchten Halt; er ist die Befestigung in der Gotteswirklichkeit, bildlich gesprochen,

die rettende Heilandshand, die den sinkenden Petrus dem drohenden Verderben entreißt (Mt 14,30f.).

Schon dadurch erweist sich das Christentum als die Religion der Angstüberwindung, so oft auch die christlichen Konfessionen in die gegenteilige Strategie verfielen und versuchten, ihre Anhänger durch die Suggestion von Gewissens-, Sünden- und Höllenängsten zur Akzeptanz ihrer Angebote und Direktiven zu bewegen. Erst recht aber bestätigt sich diese Qualität, wenn man das Christentum auf sein Fundament, die Auferstehung Jesu, zurückführt. Denn die Angst ist der Vorbote des Todes. Sie wird deshalb letztlich nur von dem überwunden, der das Gesetz der universalen Todverfallenheit durchbrach und dadurch das Sklavenjoch der Todesfurcht (Hebr 2,15) von den Schultern der geängsteten Menschen nahm. Beweiskräftig ist die Römerstelle für die angstüberwindende Kraft des Glaubens, weil sie, ebenso wie ihre Vorwegnahme im Wort des Galaterbriefs (Gal 4,4ff.) vom Motiv der Auferstehung getragen und durchwaltet ist. Auch sie erscheint, wie eine Tiefenanalyse beweist, als Extrapolation des Primärzeugnisses des Apostels von seiner Damaskusvision (Gal 1,16). Wie er dort davon spricht, daß ihm das Geheimnis des Gottessohns enthüllt und mitgeteilt worden sei, so spricht er hier vom Geist der Sohnschaft, der die durch ihn zur Gotteskindschaft Geführten befähigt, die Abba-Anrufung Jesu nach- und mitzusprechen und sich dadurch seine revolutionäre Großtat anzueignen.

Der Finsternis der Todesgewalten aber sind sie deshalb entrissen, weil sich der Gottesgeist (nach Röm 8,26) ihr kindlich stammelndes Rufen zu eigen macht und Gott zur Erhörung der vom ihm befürworteten Anrufung bewegt. Wie im Fall des Gekreuzigten antwortet Gott darauf mit seinem Selbsterweis, mit dem er den

Rufenden erkennen läßt, daß er tatsächlich der ist, den Jesus in ihm aufdeckte: nicht der Gott, dessen Erbarmung mit dem Schrecken der Todesdrohung einhergeht, sondern der „Freund des Lebens" (Wsh 11,26), der darauf brennt, ihn in seine Lebensfülle aufzunehmen. Das aber kommt einem Mitvollzug der Gottesentdeckung Jesu gleich. Mit ihr läßt der Glaubende die ganze vom Schatten der ambivalenten Gottesvorstellung verdunkelte Menschheitstradition hinter sich, mit ihr erhebt er sich über seine von welthaften, sozialen und existentiellen Ängsten durchsetzte Lebenswelt; mit ihr geht er ein in das vom Kolosserbrief gerühmte Reich des Sohnes der göttlichen Liebe (Kol 1,13). Wenn Nietzsche sogar den nach dem „Tod Gottes" Geborenen in Aussicht stellen konnte, daß sie einer höheren Geschichte angehören würden, „als alle Geschichte bisher war", gilt dies erst recht von den im Bannkreis der Gottesentdeckung Jesu Stehenden, daß sie in den von Cusanus beschriebenen Zustand einer so vorher unerreichbaren Selbstaneignung versetzt sind. Von der Liebe Gottes durchdrungen wissen sie jetzt definitiv, wohin sie gehören und worin der Sinn ihres Daseins besteht. Weil das aber eine Erfahrung der Liebe ist, fühlen Sie sich gleichzeitig genötigt, redende und tätige Zeugen der empfangenen Liebe zu sein. Gedrängt von der Liebe Christi (2Kor 5,14) begreifen sie es als ihre große Aufgabe, ihr im Dunkel der gegenwärtigen Denk- und Lebenswelt zum Durchbruch zu verhelfen. Dabei bezieht sich die von ihnen zu bestehende Bewährungsprobe auf sie selbst. Denn der zu beseitigende Denkzwang herrscht nicht nur außerhalb von ihnen, sondern nicht weniger in ihrem Selbstverhältnis. Aufgrund ihrer Todverfallenheit setzt sich dort der sie umfangenden Liebe ein tiefsitzender Widerstand entgegen, der ihnen schon den Glauben an dieses

Gottesgeschenk, erst recht aber dessen Akzeptanz erschwert. So erfahren sie an sich selbst die bittere Wahrheit des Wortes, daß die Menschen der Finsternis den Vorzug geben vor dem Licht (Joh 3,19). Deshalb besteht die erste ihrer Aufgaben in dem stets neu zu unternehmenden Versuch, die inneren Widerstände niederzuringen und der Liebe in sich Raum zu schaffen. Für den im Grunde liebesunfähigen Menschen kann das aber letztlich nur in der Form geschehen, daß er sich von dem, was ihm von Gott her auf seine Anrufung hin zukommt, überwältigen, faszinieren und verwandeln läßt. Denn auch er muß sich letztlich, indem er in die Spur Jesu tritt, das von ihm gesprochene „Abba-Vater" gesagt sein lassen. Dann wird er als Echo auf seine Anrede die Zusicherung vernehmen, daß er Kind Gottes und als solches der Sphäre der Kreatürlichkeit enthoben ist. Und in der „Leichtigkeit" dieses ihm zugeordneten Seins wird es ihm schließlich doch gelingen, sich der Liebe anzuvertrauen, „die Gott zu uns hegt" (1Joh 4,16).

Unter allen Instanzen, die zu dieser Liebe überredet und für sie gewonnen werden müssen, steht die Theologie, verstanden als die wissenschaftliche Vernunft der Kirche, an oberster Stelle. Wenn sie ihrer Aufgabe genügen und der Kirche zur Wiedergewinnung der sich von ihr Abwendenden verhelfen will, muß ihr selbst aus ihrem Rückfall von der Gottesverkündigung herausgeholfen und zur Gleichzeitigkeit mit dem politischen und mystischen Zeitgeschehen verholfen werden. Wenn der Glaube nach Kierkegaard die Gleichzeitigkeit mit Christus erstrebt, ja genauer besehen, diese Gleichzeitigkeit bewirkt und ist, geht es darum, der Gegenwartstheologie vor Augen zu führen, daß das in seiner christologisch-mystischen Konsekution begriffene Zeitgeschehen in seinen österlichen Aspekt eingetreten ist. Stärkster Beweis dessen ist die Tatsache, daß die durch die Aufklärung aus dem Bereich des Denkbaren verdrängte Auferstehung Jesu durch die „sanfte" und als solche nur durch eine göttliche Intervention zu erklärende Revolution von 1989 wieder denkbar und, wie es ihr von ihrer grundlegenden Bedeutung her zukommt, als Zentralthema theologischer Besinnung erfaßbar geworden ist. Doch damit stellt sich zugleich die unabweisliche Frage nach dem aus diesem Zeitgeschehen hervorleuchtenden Antlitz Gottes. Das aber ist keinesfalls der vom signifikanten Trend der Gegenwartstheologie favorisierte Gott des Zornes, des Gerichts und der Drohung, sondern eindeutig und unverkennbar der „Vater der Erbarmungen und Gott allen Trostes", der nach der Zeit des Mordens, des Terrors und der Unterdrückung die Stunde des Aufatmens und der „Erquickung" anbrechen ließ (Apg 3,20), um die längst überfällige Wende in der Beziehung zu sich herbeizuführen und als der erkannt zu werden, der er wirklich ist.

Wenn diese Konsequenz des großen Zeitzeichens gezogen und voll rezipiert werden soll, muß es allerdings auch zu einer Revision des Verhältnisses von Theologie und kirchlicher Lehre kommen. Wurden die Ergebnisse der vorkonziliaren Theologie derart von den Vorgaben des Lehramts präjudiziert, daß die Theologie in den Anschein geriet, nur noch das verifizieren zu können, was diesen – tendenziell monophysitischen – Vorgaben entsprach, so herrscht heute eher das gegenteilige Ungleichgewicht: Durch das Konzil zu eigenständiger Forschung freigegeben, geriet die Theologie in eine wachsende Diastase zum Lehramt und das mit der innertheologischen Folge, daß sich Exegese und Dogmatik entfremdeten und die auf sich selbst gestellte Bibelwissenschaft nun umgekehrt in

einen nestorianischen Trend verfiel. Sie verlor zusehends den Sinn dafür, daß das Neue Testament nicht
nur ein Buch über Jesus, sondern ein Buch Jesu ist, da
er nicht nur eine Botschaft hat, sondern diese Botschaft in existentieller Verkörperung ist und daher an
jedem Satz dieser Schrift als authentisches und über
seinen Stellenwert letztlich entscheidendes Interpretament herangetragen werden muß[21]. Wenn aber das
berücksichtigt worden wäre, hätte es niemals zu der
gegenwärtigen Hinkehr zur „Dunkelseite" Gottes kommen können, da die Inkarnation nur als liebende
Zuwendung Gottes zu der „in Finsternis und Todesschatten" liegenden Welt (Mt 4,16) und der menschgewordene Gotttessohn nur als der Bote dieser Liebe
begriffen werden konnten, der als solcher nur das zu
sagen hatte – und zu sagen vermochte – was er aufgrund seiner Herkunft war. Deutlichstes Zeichen der
immer noch bestehenden Diastase ist die Tatsache, daß
bei der Erörterung der Hoheitstitel Jesu, insbesondere
seiner Bezeichnung als Gottessohn, kaum eine Nei-
gung zu beobachten ist, diesen Schlüsselbegriff auf das
Selbstbewußtsein Jesus zurückzubeziehen. Doch gerade das müßte geschehen, wenn die Kluft zwischen
Exegese und Dogmatik, unter der beide leiden, überbrückt und der für beide unerläßliche Dialog wieder
aufgenommen werden soll.
Die noch schwierigere Aufgabe besteht aber zweifellos
darin, der Liebe Gottes in der menschlich unterkühl-
ten und skeptisch-resignativen Stimmung der heutigen Gesellschaft zur Geltung zu verhelfen. Denn in
dieser herrscht der bereits von Nietzsche denunzierte
Geist der Schwere, der jede aufkeimende Freude
erstickt und jedes erwachende Freiheitsgefühl in ein
Netz von Normen und Pflichten zwängt. Dem kann
man wohl kaum effektiver als dadurch begegnen, daß

man den von diesem Ungeist Befallenen gleichfalls zu echter Zeitgenossenschaft zu verhelfen und ihnen vor Augen zu führen sucht, daß sie tatsächlich in einer Zeit der großen Aufschwünge und spektakulären Umschwünge leben: in einer Zeit der sich Zug um Zug realisierenden Utopien. Den religiös Ansprechbaren aber müßten darüber hinaus die Augen für die großen Zeitzeichen geöffnet und ihnen gezeigt werden, was es nach der lange herrschenden Stagnation heißt, daß Glaube im Begriff steht, sich durch seine hermeneutische, empirische und solidarische Wende zu vermenschlichen und dem Glaubenden als die unüberbietbare Antwort auf seine Sinnfrage zu präsentieren. Gezeigt müßte ihm aber vor allen Dingen werden, daß ihm der Glaube nach dem Epheserbrief (2,17) zur Einwohnung des Geglaubten in seinem Herzen verhilft. Das Ziel wäre aber erst dann erreicht, wenn ihnen deutlich gemacht werden könnte, daß Gleiches auch von der Hoffnung und von der Liebe gilt. Von der Hoffnung, weil der Inbegriff der Hoffnung (nach Kol 1,17) in ihnen hofft; und von der Liebe, weil nach dem Augustinuswort von dem *Unus Christus amans seipsum* Christus sich selbst in ihnen liebt.

Wenn aber dies gegeben ist, klärt sich das Bild des sich in alledem manifestierenden Gottes definitiv. Gott ist dann keinesfalls mehr die Koinzidenz von Schrecken und Faszination, von Finsternis und Licht, sondern der, von dem es heißt: „Gott ist Licht und Finsternis ist nicht in ihm", „Finsternis" verstanden als Metapher seines Zorns, seiner Drohung und seiner Strafgerechtigkeit. Statt dessen erweist er sich nun als Inbegriff der bedingungslosen und unwiderruflichen Liebe, die den gesamten Raum des Denkbaren, Möglichen und Seienden einnimmt und kein Außerhalb kennt, am wenigsten das Außerhalb der paradoxen Vorstellung von einem von ihm geschaffenen Raum der totalen Abwesenheit von ihm, in den die unbußfertigen Sünder für alle Zeit verstoßen werden könnten. Wenn es dieser Einsicht zufolge dann nur ein Innerhalb dieser Liebe gibt, kehrt sich der in einem leisen Drohton gehaltene Psalm 139 von der Unentrinnbarkeit des alles durchschauenden und umgreifenden Gottes in sein beglückendes Gegenteil um. Dann ist es seine Liebe, die uns durchschaut, ob wir sitzen oder stehen, gehen oder ruhen, die das noch auf der Zunge liegende Wort kennt und uns von allen Seiten umfängt, vor deren Angesicht es keine Ausflucht gibt, selbst wenn wir uns zum Himmel aufschwingen oder in die Unterwelt stürzen würden, die uns umgriffen hielte, selbst wenn wir uns auf den Flügeln des Morgenrots ans fernste Gestade flüchten wollten, und die, selbst wenn wir uns mit Nacht und Finsternis bedecken würden, diese Finsternis heller leuchten ließe als den Tag (Ps 139, 2-12). Für einen Augenblick mag es dann so scheinen, als würde die alte Unterdrückung nur durch eine neue und noch heftigere verdrängt. Alsbald aber weicht diese anfängliche Besorgnis der beglückenden Einsicht, daß wir in aller Unrast und Hektik im Grunde doch stets nach einer definitiven Bleibe streben. Und wo wäre diese eher gegeben als am Herzen des bedingungslos liebenden, wenn freilich auch bedingungslos Gegenliebe fordernden Gottes. Erneut möchte uns dann die Besorgnis anwandeln, nie, auch nicht mit dem Aufgebot unserer ganzen Energie, dieser Forderung genügen zu können. Doch kaum könnte sich diese Besorgnis geltend machen, so würde sie auch schon von der Gewißheit überholt, daß es immer nur der unzulänglich Geliebte selber ist, der sich (nach Röm 8,26) in seinem Geist unserer Schwachheit annimmt und sich in uns liebt. Und dies um so mehr, als sich in das Ansinnen des Gottesgeistes das Machtwort dessen einmischt, der auf dem Höhepunkt seines Abschiedsgebets die Position des Bittenden mit der des ranggleichen Sohnes vertauscht, um das für uns zu fordern, was alle Erwartung ebenso übersteigt wie erfüllt:

> *Vater, ich will, daß die, die du mir gegeben hast, dort seien, wo ich bin, damit sie die Herrlichkeit schauen, die du mir gegeben hast; denn du hast mich geliebt vor Grundlegung der Welt. (Joh 17,24)*

Das ist der Platz am Herzen Gottes, von dem der an diesem Herzen (nach Joh 1,18) Ruhende herabgestiegen ist, um der Welt von dem Kunde zu bringen, was er nicht so sehr als Einziger wußte, sondern war: die ebenso überwältigende wie erfüllende, ebenso tröstende wie verpflichtende Kunde von dem bedingunslos und unwiderruflich liebenden Gott.

DER AUFRUF

Kritik verletzt und läuft deshalb nicht nur Gefahr, abgelehnt zu werden, sondern Immunisierungstendenzen heraufzubeschwören. Deshalb muß das Gesagte, das freilich so nur in kritischer Abgrenzung gesagt werden konnte, nun nochmals, jetzt aber in der paulinischen Sprache des „Zuredens" (1Kor 4,13) und der Einladung wiederholt werden. Der Grund: wer es heute wagt, von der Liebe und gar von der bedingungs- und vorbehaltlosen Liebe zu reden, stößt wie Jesus selbst auf eine Wand der Verweigerung und Ablehnung, wenn nicht sogar in ein Vakuum des Unverständnisses. Zu tief sind die Spuren, die der schon von Nietzsche als Widersacher seines Versuchs, „dem menschlichen Dasein etwas von seinem herzzerbrecherischen und grausamen Charakter" zu nehmen, ausgemachte „Geist der Schwere" im heutigen Lebensgefühl hinterlassen hat, als daß schon ein einzelner Hinweis dagegen aufkäme[22]. Was dazu verhelfen könnte, den tief sitzenden Widerstand zu brechen, wäre eine konzertierte Aktion, für die in erster Linie die Gegenwartstheologie gewonnen werden müßte.

Sie steht freilich zu beträchtlichen Teilen immer noch im Bann von Theoretikern wie René Girard, von denen sie sich nur zu bereitwillig das Bild einer primär aggressiven und gewaltbereiten Menschheit einreden ließ, und deshalb nicht minder im Bann der tief eingewurzelten Sündenideologie, obwohl Paulus seiner konzessiven Lehre vom Tod als „der Sünde Sold" (Röm 6,23) in der Korrespondenz mit Korinth geradezu emphatisch die Gegenthese vom Tod als dem Urheber des „radikal Bösen" im Menschen und dem Antreiber zur Sünde (1Kor 15,55) entgegengestellt hatte. Nicht weniger eindringlich hatte er in der wie ein De profundis klingenden Klage des Römerbriefs (7,24) die Todverfallenheit des Menschen als die ihm schicksalhaft geschlagene und geradezu nach Heilung schreiende Wunde offengelegt.

Zwar ist dies das Bild eines tödlich verletzten und deshalb zu Aggressionen geneigten, im Grund aber kranken und leidenden Menschen, der die Theologie geradezu zwingt, sich auf ihren Heilungsauftrag zurückzubesinnen und ihre therapeutischen Energien zu mobilisieren[23]. Denn als Verletzter ist er nur reaktiv, nicht aber primär „zum Bösen geneigt" und der Heilung ebenso bedürftig wie fähig. Von ihm ergeht ein denkbar eindringlicher Anruf an die Theologie, die seine stumme Klage hören und ihm mit dem Wein ihrer

73

Diagnose und dem Öl ihrer therapeutischen Fähigkeiten zu Hilfe kommen sollte.

Ein nicht minder eindringlicher Anruf ergeht an sie jedoch aus der Zeit, und dies nicht etwa deshalb, weil sie wie in den Tagen Hamlets „aus den Fugen" ist und „eingerenkt" werden müßte, sondern aus dem entgegengesetzten Grund, weil nach den Zeiten der Selbstzerstörung und des Verfalls unversehens die integrativen Faktoren das Übergewicht gewannen, angesichts gegenläufiger Tendenzen aber dringend der authentischen Deutung bedürfen, die keine Instanz so zuverlässig zu bieten vermöchte wie eine ihrer Zeitverantwortung bewußte Theologie. Wenn sich die Annahme bestätigt, daß das im Grunde nur religiös zu verstehende Zeitgeschehen darauf hinwirkt, das durch die Aufklärung für undenkbar erklärte Ereignis der Auferstehung Jesu für den Bereich des Denkbaren zurückzugewinnen, steht nicht nur die Kompetenz der Theologie außer Zweifel, vielmehr würde sie sich dann geradezu dem Anruf der Zeit verschließen, wenn sie darauf nicht einginge.

Der entscheidende Anruf ergeht an sie jedoch weder aus der Verfassung des heutigen Menschen noch aus dem Zeitgeschehen, sondern aus dem Evangelium, dessen Stimme, von der ebenso Nikolaus von Kues wie Sören Kierkegaard sprachen, vom Lärm vordergründiger Dispute, vor allem aber von den eingangs angesprochenen Gegenstimmen aus dem eigenen Bereich übertönt zu werden droht. Während Paulus den Anruf der Zeit mit seiner Mahnung verstärkt:

Bedenkt die Zeitlage! Die Stunde ist da, vom Schlaf aufzustehen. Denn das Heil ist uns viel näher gekommen als damals, als wir gläubig wurden. Die Nacht ist vorüber, der Tag ist da! (Röm 13,11f.),

74

macht Johann Georg Hamann die nach Cusanus in
der Herzenstiefe erklingende Gottesstimme hörbar,
wenn er unter dem Eindruck seines Londoner Erleb-
nisses berichtet:

> *Ich fühlte auf einmal mein Herz quillen. Es ergoß*
> *sich in Tränen, und ich konnte es nicht länger – ich*
> *konnte es nicht länger meinem Gott verhehlen, daß*
> *ich der Brudermörder, der Brudermörder seines ein-*
> *geborenen Sohnes war. Der Geist Gottes fuhr fort,*
> *ungeachtet meiner großen Schwachheit, ungeachtet*
> *des langen Widerstands, den ich bisher gegen sein*
> *Zeugnis und seine Rührung angewandt hatte, mir*
> *das Geheimnis der göttlichen Liebe und die Wohltat*
> *des Glaubens an unsern gnädigen und einzigen Hei-*
> *land immer mehr und mehr zu offenbaren*[24].

In diesem denkwürdigen Bekenntnis kommt der zur
Sprache, der sich vor jeder verbalen Bezeugung als
der den Seinen Einwohnende aussagt und damit die
ganze von ihm handelnde Dokumentation durch das
vorwegnimmt, was er aufgrund seiner Herkunft vom
Herzen des Vaters (Joh 1,18) in personaler Selbstdarstellung ist: Bote und Inbegriff der göttlichen Erbarmung und Liebe.

Ihr und ihrem stummen Selbstzeugnis gilt es eine
Sprache zu verleihen, die trotz des gegenwärtigen
Stimmengewirrs und trotz der Unansprechbarkeit des
liebesunfähigen Menschen gehört wird, wenn
zunächst auch nur in Form eines als weltfremd anmutenden, gerade so aber doch aufrüttelnden Appells.
Denn dieser Botschaft steht nicht nur die ontische und
faktische Verfassung des Menschen entgegen, sondern
ebenso auch die Pression der auf seine „Eindimensio-
nalität" ausgehenden Zeit, die ständig neue Strategien
entwickelt, ihn auf Scheinziele hin auszurichten und

dadurch von sich selbst abzubringen. Doch gegen diese Irreführung legt der ein unüberhörbares Veto ein, der nicht nur, wie Adorno befand, bei Heidegger „zum Stellvertreter Gottes" wurde, sondern in weiten Bereichen der heutigen Lebenswelt an die Stelle Gottes trat: der Tod[25]. Der aber kann Gott seinen Platz im Herzen des modernen Menschen nur streitig machen, weil dieser Gott trotz der Intervention Jesu noch immer in jener Ambivalenz gesehen wird, in welcher der Tod von Anfang an, zumal in der großen Todesdichtung, erscheint: als das unkalkulierbare Ineins von Trost und Schrecken.

Damit wird der an die Theologie ergehende Anruf zur Aufgabe, die größer nicht sein könnte und sie deshalb auch mit neuem Selbst- und Sendungsbewußtsein erfüllen müßte. Gestützt auf den Anruf, der vom „Urheber des ewigen Heils" (Hebr 5,9) an sie schon vor jeder dokumentarischen und lehrhaften Vermittlung ergeht, müßte sie sich über alle zeitkonformen Insinuationen erheben, um mit Hamann jener Stimme zu lauschen, die im Zentrum des christlichen Glaubensbewußtseins immer schon – und durch das Zeugnis des Geistes immer wieder – für die Liebe plädiert, dies aber nur, um dann ihre eigene Stimme umso entschiedener und gegen alle Einrede für diese Liebe zu erheben. Sie dürfte das in der Überzeugung tun, daß der durch seine Todverfallenheit gebrochene, zum Bösen geneigte und liebesunfähige Mensch, ungeachtet dieser Verquerung, im Innersten nichts so sehr ersehnt wie dieses Wort, das ihn mit der ihm eigenen Überzeugungskraft diesen Widerständen entreißt und zur Liebe – und damit zu sich selbst – überredet. Und sie dürfte sich dieser Aufgabe in der Gewißheit stellen, sich ihm dadurch als die Sprecherin der Botschaft glaubhaft zu machen, die ihm als einzige die volle und

unüberbietbare Antwort auf seine Sinn- und Lebens-
frage gibt.

Daß sie sich damit auch selbst den größten Dienst
erwiese, bedarf kaum noch einer näheren Begründung. Im Stimmengewirr der Gegenwart erwiese sie
sich so als die Sprecherin des glaubhaftesten unter den
konkurrierenden Heilsangeboten, glaubhafter als das
der anderen Abrahamsreligionen, vor allem aber als
das der Heilslehren asiatischen oder esoterischen
Ursprungs. Doch damit gewänne sie nicht nur an
Plausibilität, sondern an Identität und Übereinkunft
mit ihrem genuinen Auftrag. Wenn sie ihrer Bestimmung, den Glauben zu reflektieren, gerecht werden
soll, kann diese nur darin bestehen, sich mit aller nur
verfügbaren Energie auf den zurückzubesinnen, der
im Unterschied zu allen anderen Religionsstiftern
nicht nur eine Botschaft hat, sondern diese in leibhaftiger Verkörperung ist und der deshalb noch vor der
ihn bezeugenden christlichen Wahrheit für seine eigene, aus ihm unmittelbar hervorstrahlende und nur auf
dem Weg einer Christus-Hermeneutik zu erkundende
Wahrheit einsteht[26].

Im Maß dieser Rückbesinnung gewänne die Gegenwartstheologie dann aber auch die für die Effektivität
ihres Forschens und Wirkens unerläßliche Synchronie
mit dem Zeitgeschehen. Bei aller Gegenläufigkeit und
Verworrenheit seiner Oberflächenstrukturen ist dieses
in seinem von Schelling als „wahre" und „innere"
Geschichte bezeichneten Tiefgang doch dadurch bestimmt, daß nach der Stunde von Getsemani und Golgota der Augenblick gekommen ist, in dem, um in
Schellings Bild zu bleiben, der Blitz der Auferstehung
in den äußeren Geschichtsgang mit der Folge herein-
leuchtet, daß diese nach dem von der Aufklärung ver-
hängten Verdikt auf neue Weise denkbar wurde[27].

Eine mit diesem mystischen Zeitgeschehen aber synchron gewordene Theologie käme nicht nur dazu, die
fatale Marginalisierung des Osterereignisses in ihrer
eigenen Theorie zu korrigieren, sondern die Auferstehung Jesu wieder als das zentrale Glaubensgeheimnis
herauszustellen und in seinen Konsequenzen zum
Leuchten zu bringen[28]. Das aber käme nicht nur der –
von Nietzsche geahnten – Zurücknahme der Eschatologie auf den mit der Auferstehung angebrochenen
ewigen Augenblick, sondern, gegenläufig dazu, der
Erhebung des Menschen zum Endziel der Gotteskindschaft gleich. Denn die zentrale Verheißung des Auferstandenen lautet:

Ich lebe, und auch ihr werdet leben. (Joh 14,19)

Wie sein irdisches Wissen darin bestand, seine Gottessohnschaft in Lehre und Tat an die Seinen weiterzugeben und alle für die damit eröffnete Dimension zu
gewinnen, so besteht sein Wirken als Auferstandener
darin, alle in sein grenzenlos geweitetes Leben hineinzunehmen und sie in dem dadurch herbeigeführten
ewigen Augenblick auf- und fortleben zu lassen, und
dies aufgrund der alle Seinsbereiche durchgreifenden
Tatsache, daß er selbst in ihnen auf- und fortlebt. Vermutlich besteht der größte Dienst, der der Gegenwartstheologie überhaupt erwiesen werden kann, in
dem Versuch, sie dazu aufzurufen. Wenn dieser Aufruf
aber die ganze in Resignation und Skepsis versunkene
Glaubensgemeinschaft erreichen sollte, müßte man,
um mit Nietzsche zu reden, Buchstaben haben, die
selbst Blinde sehend machen, und Worte, die selbst
von Tauben gehört werden, vor allem aber eine Sprache, die wie die Pfingstpredigt des Petrus den Adressaten ins Herz schneidet. Denn das Glaubensproblem
der Gegenwart ist, nach innen wie nach außen bese-

hen, ein Sprachproblem. Nicht umsonst steht am Anfang des Christentums keine Idee und keine Tat, sondern das Wort.

Verstehen und Heilen

I. GLAUBEN ALS VERSTEHEN

DIE KRISE DER GLAUBENSTHEORIE

In seiner irenischen Streitschrift ‚Zwei Glaubensweisen'
(1950) erhob Martin Buber den Vorwurf, daß das Christentum in seinen auf das Festhalten von Sätzen abhe-
benden Glaubensbegriff vom Glauben der Propheten,
den auch Jesus geteilt habe, auf die inferiore Stufe eines
Satz- und Autoritätsglaubens abgesunken sei. Die genuine Glaubensform beziehe sich aber nicht auf Sätze, sondern auf die von diesen umschriebene Gotteswirklichkeit, in der sich der Glaubende im Sinn der „emuna"
festzumachen suche, um in ihr Halt und Stand zu
gewinnen[3]. Dabei bezieht er sich offensichtlich auf den
am Dogma der Kirche orientierten und vom Ersten Vatikanum definierten Glaubensbegriff, der den Glaubensakt als die Unterwerfung des Intellekts unter die Autorität des sich offenbarenden Gottes und dessen authenti-
sche Auslegung in der Lehre der Kirche verstand[4].
In der von dem neu entstandenen Kaiserreich bestimm-
ten imperialistischen Atmosphäre, in der sich die für die
Konzilsentscheidung maßgebliche deutsche Theologie
bewegte, wurde die krasse Heteronomie dieser Definition nicht empfunden und noch weniger der Gegensatz,
in dem sie sich gegenüber der dezidierten Absage an
jede Art von Heteronomie (Röm 8,15) befand. Anders
lagen die Dinge freilich in Frankreich, wo Vordenker wie
Lamentos und Sprachdenker wie Gratry den geistigen
Horizont aufgebrochen hatten, und wo der von Descartes inaugurierte Subjektivismus den auch dort aufge-
kommenen restaurativen Tendenzen entgegenwirkte[5].
Hier war es vor allem Maurice Blondel, der gegen die

Vorstellung einer nach Art eines göttlichen Ukas an die Welt ergehenden Offenbarung Einspruch erhob und auf der Basis humanistischer und vor allem pascalscher Impulse das Konzept einer dialogischen Glaubensbegründung entwarf, für die sich die Bezeichnung „Immanenzapologetik" einbürgerte.

AUFBRUCH UND UMSCHWUNG

Zwar stieß Blondel mit seinem Entwurf zunächst auf den erbitterten Widerstand der „Traditionalisten", die ihm, dem später Erblindeten, die Ausarbeitung seines Ansatzes unmöglich machten; doch arbeitete die Zeit für ihn, und dies mit der Folge, daß das Zweite Vatikanum in der abschließenden Pastoralkonstitution ‚Gaudium et spes' wesentliche Elemente seines Konzepts übernahm[6]. Zweifellos wirkten unterschiedliche Faktoren auf diese – freilich posthume – Rehabilitierung hin. Insbesondere schärfte sich infolge der Lebensverhältnisse unter den terroristischen Diktaturen, die an die Stelle der wilhelminischen und zaristischen Imperien getreten waren, der Sinn für die Heteronomie des kirchlich verordneten Glaubenskonzepts. Den Umschwung brachte dann aber ein gesellschafts- und geistesgeschichtliches Ereignis, das nahezu synchron mit dem Zweiten Vatikanum einsetzte und mit revolutionärer Gewalt um sich griff: die Autoritätskrise. Sie war theoretisch durch die Schulhäupter Adorno, Horkheimer und Marcuse der Frankfurter Schule unterbaut worden und brach als nordamerikanischer Import zuerst in die Universitäten, von da dann aber geradezu epidemisch in sämtliche Bereiche des gesellschaftlichen Lebens, des Schulwesens, des Kulturbetriebs und nicht zuletzt auch der Kirchen ein. Nur eine Autorität – die für den Glaubensakt wichtigste –

schien ihrem Zugriff entzogen zu sein: die göttliche.
Doch gerade diese Annahme erwies sich als Täuschung.
Es war der kirchenfrömmste deutsche Philosoph, Peter
Wust, der in seinem Meisterwerk ‚Ungewißheit und
Wagnis' (1937) den geradezu rebellierenden Einwand
gegen die Gottesautorität in die Frage faßte:

> *Warum ist Gott oben, am Gipfel der Vollkommenheit ...*
> *Und warum ist dieses eine höchste Wesen mühelos,*
> *kampflos oben, an der Spitze der Seinshierarchie, wäh-*
> *rend wir alle uns mühen müssen in endlos zermürben-*
> *dem Kampf und in qualvoller Daseinsunruhe?*[7]

Denn mit diesem Stoß gegen die Autorität, die nach der
Kirchenlehre den Glauben ebenso forderte wie begrün-
dete, schien diesem das tragende Fundament entzogen
und er, sofern er überhaupt noch eine Rolle spielte, dem
Spiel postmoderner Beliebigkeit ausgeliefert zu sein. Bei
alledem ließ sich allerdings nicht übersehen, wogegen
sich der Protest der Autoritätskrise richtete. Obwohl sie
von den Universitäten ausging und sich vor allem in
den Schulen austobte, zielte sie mit ihrer zentralen Stoßrichtung auf die Inhaber von staatlichen, gesellschaftlichen und kirchlichen Machtpositionen. Es war somit
die von Guardini als Schlüsselbegriff der Moderne ausgemachte Macht, gegen die sie auf breiter Front oppo-
nierte[8].

DIE LÖSUNG

An dieser Stelle setzt die von Gadamer gebotene Lösung
ein. Sie richtet sich, wie nur staunend vermerkt werden
kann, diametral gegen die Aufklärung, die auf der einen
Seite zwar die Autorität der Vernunft unterwarf, ande-
rerseits aber durch Descartes die entscheidenden Wahr-

heitsquellen der (philosophischen) Tradition und (kirchlichen) Autorität verwarf, um so den „Ausgang aus der selbstverschuldeten Unmündigkeit" (Kant) zu erwirken. Deshalb gilt ein zentrales Kapitel von Gadamers ‚Wahrheit und Methode' der „Rehabilitierung von Autorität und Tradition"[9]. So entspricht es dem das Werk bestimmenden Verstehensbegriff. Denn der Verstehensakt bezieht sich nach Nietzsche nicht so sehr auf die jeweils gesprochenen Worte als vielmehr auf die Musik hinter den Worten, die Leidenschaft hinter dieser Musik und zumal auf die Person hinter dieser Leidenschaft[10]. Wie wiederum nur staunend vermerkt werden kann, rührt die philosophische Hermeneutik auch damit an eine christliche Grundposition. Denn der johanneische Leitsatz „Im Anfang war das Wort" (Joh 1,1) besagt in seiner Äquivalenz mit dem der Medientheorie Marshall McLuhans „das Medium ist die Botschaft", daß das Medium in Gestalt des Boten selbst schon die Botschaft ist. Tatsächlich unterscheidet sich der Stifter des Christentums von allen Vergleichsgestalten vor allem dadurch, daß er durch seine Auferstehung vom Botschafter zur Botschaft und vom Lehrer zur Lehre wurde[11].

Da es beim Verstehen aber auch stets darum geht, die Aussage eines Sprechers besser zu verstehen, als sie von diesem selbst verstanden wurde (Schleiermacher), bedarf es der Rückbindung an die Tradition. Das besagt das auf das Mittelalter zurückgehende Bild von den Zwergen, die auf den Schultern von Riesen stehen und deswegen weiter sehen als diese. Dazu befähigt sie allerdings auch der zwischen ihnen und den „tragenden" Autoritäten zurückgelegte Zeitenabstand und das inzwischen aufgelaufene Erfahrungspotential. Tradition ist demnach, mit Gadamer gesprochen, „eine Form von Autorität"[12].

In alledem hat sich tatsächlich eine „Umkehrung der

Aufklärung" vollzogen. Denn Autorität und Tradition erscheinen nun nicht mehr als Gegenbegriffe, sondern als Prinzipien und Tragepfeiler der Erkenntnis. Gleichzeitig klärte sich definitiv, in welcher Autorität der Offenbarungsgott redet: nicht in der des absoluten Machthabers, dem „alle Gewalt gegeben ist im Himmel wie auf Erden", sondern in der des Lehrers, der dem Menschen das denkbar Wichtigste zu sagen hat: sich selbst, und dies im Doppelsinn des Ausdrucks, weil in dem Wort des sich mitteilenden Gottes der Mensch mitgesagt und beantwortet ist. Der Glaube aber erweist sich nun in seiner wahren Qualität. Weil er einer Selbstmitteilung Gottes entstammt, ist er ein Akt des Verstehens: ein Gott-Verstehen. Dazu verhilft die Begriffsklärung, mit der Gadamer aus der durch die Autoritätskrise verursachten Aporie herausführt.

II. VERSTEHEN ALS HEILEN

Wenn es beim hermeneutischen Bemühen darum geht, einen Autor besser zu verstehen, als dieser sich selbst versteht, und wenn es auf Gadamer zudem zutrifft, daß er in erster Linie als Anreger zu gelten hat, wird man ihm erst dann voll gerecht, wenn man ihn und sein Hauptwerk, die ‚Philosophische Hermeneutik', fortzudenken versucht. Das wird sich in erster Linie auf die Stelle seines Entwurfs beziehen müssen, an dem dieser für eine Fortführung offensteht. Durch seine Ansicht, daß ein guter Philosoph auch ein ebenso guter Philologe sein müsse, erwies sich Gadamer als erklärter Sprachdenker, für den das Wort am Anfang aller philosophischen Reflexion steht[13]. Von der Anfänglichkeit des Wortes spricht auch das Bekenntnis von Goethes ‚Tasso':

Und wenn der Mensch in seiner Qual verstummt, gab mir ein Gott, zu sagen, wie ich leide[14].

Sprachtheoretisch gesehen, greift dieses Wort tiefer als das informationstheoretische Verständnis des Sprechakts, das nicht nur den alltäglichen Umgang mit der Sprache unreflektiert bestimmt, sondern auch von der analytischen Sprachphilosophie festgeschrieben und durch die Medien zum alleinherrschenden erhoben wurde. Denn für Goethe ist Sprache – noch vor ihrem instrumental-informativen Gebrauch – Exklamation, und das besagt: erlernbarer Ausdruck dessen, was den Menschen an Glück oder Leid, Hoffnung oder Schmerz, Impuls oder Verweigerung, Initiative oder Abkehr bewegt. Dem Tassowort zufolge sind dies vor allem Erfahrungen der Not, der Lebensnot ebenso wie der Todesnot, so daß das menschliche Wort in letzter Hinsicht als ein De profundis erscheint.

DER URSPRUNG

Denn zur Sprache kommt der Mensch im Urakt seines subjektiven Bewußtseins. Der Aufgang des Selbstbewußtseins wird aber von einer Woge der Angst überflutet, der das zu sich erwachende Ich in die anfängliche Bewußtlosigkeit zurückzustoßen droht. In diesem Augenblick entringt sich ihm jedoch das Ich als Notschrei, der sich tendenziell an einen Hörer und möglichen Helfer richtet und damit die Brücke zum Mitmenschen schlägt. So wird das Ich zum Anruf an ein potentielles Du. Doch selbst, wenn dessen Antwort ausbleibt, bleibt die Anrufung nicht unerwidert. Denn für Nikolaus von Kues vernimmt jeder, der in meditativem Schweigen in sich hineinhorcht, den Zuspruch:

Sei dein eigen; dann bin auch ich dein eigen[15].

Doch selbst diese innere Vergewisserung macht den Tatbestand nicht ungeschehen, daß sich das Ich dem im Urakt der Selbstwerdung begriffenen Menschen als Notschrei entringt. Ebenso wie in ihm klingt dann aber in aller Sprache jener Leidenston mit, den Kierkegaard in allen, selbst den freudigsten Worten des Evangeliums vernahm[16]. Das verleiht der sprachlichen Kommunikation insgesamt einen primär therapeutischen Charakter. Wir sprechen zwar vordergründig miteinander, weil wir etwas zu sagen haben, hintergründig jedoch, um einander unsre Not zu klagen, in letzter Hinsicht unsre Existenznot, oft aber auch die Sprachnot, wie sie paradigmatisch Hofmannsthals ‚Lord Chandos' erlitt, dem die Worte im Mund zerfallen, so daß er nicht zu sagen vermag, was ihn bewegt[17].

Wir sprechen aber nicht nur miteinander, um uns gegenseitig unsre Not einzugestehen, sondern auch – und erst darin kommt der therapeutische Charakter der Sprache voll zum Zug –, um zu heilen. Wie so oft, liegt auch hier die negative Kehrseite offener zutage als die positive Komponente. Wie die Rede vom Schwert des Wortes andeutet (Hebr 4,12), ist die Sprache auch eine Waffe, die schneidet und verletzt, indirekt durch Indiskretionen und Überforderungen, direkt durch kränkende, verletzende und verstörende Äußerungen oder durch subtile oder krasse Formen von Sprachpolemik.

DIE THERAPIE

Wenn die schädigende und kränkende Wirkung der Sprache auch offenkundiger ist, duldet ihr primär auferbauender und heilender Sinn doch keinen Zweifel, zumal es dem Sprechenden bei seinem Reden zunächst um Selbstheilung zu tun ist. Auch wenn es ihm nicht bewußt ist, verfährt er dabei doch nach dem Motto: „Arzt, heile dich selbst"(Lk 4,23). Wie ein Vergleich der verwendeten Sprachzeichen und der tatsächlich ausgetauschten Informationen zeigt, geht es uns beim Reden – auch bei Berücksichtigung der Redundanz – primär nicht so sehr um den Gewinn von Information, so sehr dieser jeweils Anlaß und Zweck des Redens ist, als vielmehr um die Überwindung der Einsamkeit. Wir reden miteinander, um wenigstens für die Dauer der Unterredung einen Menschen zu haben, der sich uns zuwendet und an uns Anteil nimmt. Die Einsamkeit aber ist die nach außen gekehrte – kommunikationsverlorene – Erscheinungsform der Angst, so wie diese der Vorbote und das Vorgefühl des Todes ist. Insofern klingt in allem Reden der Notschrei nach, mit dem das sich dem Nichts entringende Ich sich nach einem Helfer ausstreckt, der es vor den Rücksturz in den Abgrund bewahrt.

Nun gehört es aber zum Schönsten im Menschenleben, daß jeder Gewinn zur Aufgabe wird, gleichviel, ob diese als solche erfaßt und ausgeübt wird oder nicht. So auch hier. Die erfahrene Selbstheilung drängt – wie jedes in seiner Sinnhaftigkeit begriffene Geschenk – dazu, an andere weitergegeben und für sie fruchtbar gemacht zu werden. Der Grad der dabei zu Gebot stehenden Hilfe bemißt sich freilich an dem der tatsächlich erfahrenen eigenen Heilung. Da sich diese letztlich auf die Überwindung der Todverfallenheit bezieht, wird sie vollgültig nur von dem angeboten und geleistet werden können, der zum Prinzip und Urgrund aller Todüberwindung durchstieß, der also zum Auferstehungsglauben gelangte. Aber auch bei ihm wird die Hilfe mit einem Zeichen des Einvernehmens und der Mitwisserschaft um die universale Todverfallenheit alles Lebendigen

und die des Adressaten beginnen müssen, konkret mit
der suggestiven Frage des Römerbriefs:

> *Ich unglücklicher Mensch! Wer wird mich von diesem*
> *todverfallenen Leib befreien? (Röm 7,24)*[18]

THERAPEUTISCHES VERSTEHEN

Unüberhörbar klingt in diesem Aufschrei das sich der
Angst entringende Ich des sprachlichen Uraktes nach,
jetzt aber einbezogen in ein Wort der Solidarisierung mit
allen, die sich gleicherweise unter das allen auferlegte
„Joch der Todesangst" (Hebr 2,15) gebeugt wissen. Nicht
umsonst setzt sich das bei Paulus in das Wissen um die
Schicksalsgemeinschaft alles Lebendigen in einer in
Geburtswehen liegenden Schöpfung fort, die sich „äch-
zend und stöhnend" ihrem endzeitlichen Erfüllungsziel
entgegensehnt (Röm 8,22f.). Damit tritt das Verstehen
definitiv in einen therapeutischen Aspekt. Wer versteht,
hört aus dem Wort des andern, gleichviel, was es inhaltlich besagt, dessen Klage über seine Todverfallenheit
und die Bitte um Abhilfe heraus. Mit seiner Zuwendung
geht der Verstehende auf dieses Ansinnen ein; denn er
gibt ihm damit ein Zeichen der Solidarisierung, das ihn
seiner Einsamkeit und damit der Angst, dem Vorgefühl
des Todes, entreißt. Danach ist der therapeutische Charakter des Verstehens letztlich darin begründet, daß es
tendenziell auf die Todüberwindung des Adressaten
ausgeht.
Freilich nur tendenziell; denn das Angebot bemißt sich
an der Frage, wieweit der Verstehende das zu geben
vermag, was der Adressat im Grunde erwartet und was
er diesem, zumindest hypothetisch, verspricht. Ein-
zulösen vermöchte er dieses Versprechen, wie bereits

deutlich wurde, nur unter der Voraussetzung, daß sein Zuspruch vom Prinzip der Todüberwindung getragen wäre, daß sein Wort also letztlich vom Auferstehungsglauben eingegeben würde. Das wiederum hätte zur Voraussetzung, daß der Glaube seinerseits Verstehensstruktur aufwiese, weil seine Kompetenz nur dann dem Verstehensakt zugute kommt und in ihn einfließen könnte. Daß das der Fall ist, zeigte der Beitrag, den der große Anreger Gadamer zur zeitgemäßen Glaubensinterpretation leistete. Weil im Licht seiner philosophischen Hermeneutik Gott den Glauben nicht als Machthaber fordert, sondern als Lehrer insinuiert, ist der Glaubensakt ein hermeneutischer Vorgang und als solcher der nie zu Ende gebrachte Versuch, den sich mitteilenden Gott zu verstehen.

Der entscheidende Schritt besteht in der Tatsache, daß die Selbstoffenbarung Gottes nach christlichem Glauben nie definitiver, vollgültiger und vorbehaltloser erfolgte als in der Auferstehung Jesu, auf die, im Rückblick gesehen, seine ganze Lebensleistung ausgelegt war. Deshalb kulminiert diese in der Zusage:

Ich lebe, und auch ihr werdet leben. (Joh 14,19)[19]

Aus dieser Zusicherung lebt der therapeutische Zuspruch; ihr verdankt er seine Kompetenz. Doch wie artikuliert er sich?

THERAPEUTISCHES REDEN

Da Paulus das Prinzip seines Wirkens in den – wie eine Vorwegnahme der kartesianischen „Cogito, ergo sum" anmutenden – Grundsatz faßt: „Ich glaube, darum rede ich" (2Kor 4,13), überrascht es nicht, daß sich bei ihm die deutlichsten Hinweise auf die Formen finden, in die sich das therapeutische Reden auffächert. Er weiß ebenso um die Sprachform des „guten Zuredens" (1Kor 4,13) wie um die des „überführenden" und zur Selbstprüfung anregenden Redens (2Kor 13,5), nicht weniger aber auch um die des tröstenden Zuspruchs (1Thess 4,13). Auf eine ebenso wichtige hat die um die Erkundung der Wege einer gegenwartsnahen Mystik verdiente Gertrud von le Fort aufmerksam gemacht, als sie vom dichterischen Wort sagte, daß es die Gescheiterten auf ihrem „wirren Weg zum Abgrund" begleite, und damit das konkomitante Reden herausstellte, das dem Leidenden das Gefühl vermittelt, auf seinem Weg nicht allein gelassen zu sein, sondern einen verstehenden und teilnehmenden Wegbegleiter zu besitzen[20]. Als eine Steigerungsform dessen hat schließlich das „tolerante" Reden zu gelten, das sich im Gegensatz zu dem, was sich mit diesem Begriff assoziiert, gerade nicht in Beweisen der Nachgiebigkeit artikuliert, sondern in Bekundungen des Willens, die Last des andern, auch im Fall seines Fehlverhaltens, auf sich zu nehmen, um ihm dadurch zur Selbstkorrektur zu verhelfen[21].

Wenn Nietzsche meint, daß sich das Verstehen nicht so sehr auf Aussagen und Texte, als vielmehr auf die dahinterstehenden Töne und Emotionen, zuletzt aber auf den Menschen beziehe, rückt er damit aber auch das Verstehen in einen primär diabolischen, letztlich jedoch in einen therapeutischen Aspekt. Wenn wir zunächst gar nicht, wie es den Anschein hat, in informativem, sondern kommunikativem Interesse miteinander reden, wenn wir also vor allem zu dem Ziel die sprachliche Kommunikation aufnehmen, um einen sich uns zuwendenden Menschen zu gewinnen und so den Bann unsrer Einsamkeit zu brechen, entspringt unser Sprechen letztlich der mit der Todverfallenheit alles Lebendigen gegebenen Not unsres Daseins. Dann ginge aber der angesprochene Partner, der zu verstehen sucht, an diesem Notstand vorbei, wenn er sich mit seinem Verstehensakt nicht darauf einstimmen würde, und dies im instinktiven Wissen darum, daß seinem Verstehen eine genuin therapeutische Qualität zukommt. So sehr bei der Entschlüsselung des Verstehensaktes der kognitive Gesichtspunkt im Vordergrund steht, um die sich seine Deuter von Schleiermacher bis Gadamer ebenso intensiv wie erfolgreich bemühten, darf doch der therapeutische nicht außer Acht gelassen werden. Denn wir stehen aufgrund der mit der Kontingenz des Daseins gegebenen Todverfallenheit alles Lebendigen in einer umfassenden Schicksals- und Notgemeinschaft, die nach Hilfen von außen und oben schreit. Diese Hilfen werden durch das exklamatorische Wort aufgegriffen und durch die verstehende Antwort in unterschiedlicher Dignität angeboten. Insofern ist alles Verstehen, gleichviel in welcher Form es auf den aus der Schicksalsgemeinschaft der Menschen aufsteigenden Notschrei eingeht, ein Beitrag zur Kontingenzbewältigung des Daseins.

Aufriß einer
therapeutischen Theologie

DAS KONZEPT

Beim Konzept einer therapeutischen Theologie handelt
es sich nicht etwa um eine theologische Sonderform wie
bei der dialektischen oder politischen Theologie, sondern um den Versuch, die Theologie in die ihr angemessene – und angestammte - Grundgestalt zurückzufüh-
ren[1]. Denn das Christentum ist, an dem zum Vergleich
mit ihm besonders herausfordernden Buddhismus
gemessen, keine asketische, sondern eine therapeutische
Religion.

Den durchschlagenden Beweis für die Richtigkeit dieser
These erbrachte die Diskussion um die Hoheitstitel Jesu,
die nach Ferdinand Hahn zu dem Ergebnis führte, daß
der historische Jesus keinen der ihm vom Neuen Testament zugelegten Titel in Anspruch nahm, so daß er sich
weder als Messias noch als Menschen- und Gottessohn
bezeichnete, die sich aber den Titel entgehen ließ, mit
dem er sich tatsächlich einführte und mit dem er auch
in der alten Kirche mit dem Gebetswort: „Hilf, Christus,
du bist unser einziger Arzt!" angerufen wurde[2]. Das
bestätigt sein Ausspruch:

> *Nicht die Gesunden brauchen den Arzt, sondern die*
> *Kranken; ich bin nicht gekommen, die Gerechten zu*
> *berufen, sondern die Sünder. (Mk 2,27)*

Das Wort bedarf freilich einer zweifachen Erläuterung.
Was den Vordersatz betrifft, so ist damit keineswegs eine
Gruppe von Heilsbedürftigen, denen Jesus seine helfende Zuwendung zusichert, von denjenigen unterschieden, die als „Gesunde" seiner Hilfe nicht bedürfen; viel-

mehr unterscheidet Jesus damit unter den in seinen Augen allesamt Kranken die besonders schwierige Gruppe jener, die sich ihrer Krankheit nicht bewußt und deshalb seiner Zuwendung doppelt bedürftig sind, weil bei ihnen, zusätzlich zu ihren Leiden, eine Bewußtseinssperre überwunden werden muß. Was aber die „Sünder" anlangt, zu denen sich Jesus gesandt weiß, so geben die um seinen „Tisch der Sünder" Versammelten darüber Auskunft, daß es sich bei ihnen gerade nicht um Versager im moralischen Sinn, sondern um gesellschaftlich Geächtete und Ausgestoßene handelt[3]. Sie zieht Jesus in seine besondere Nähe, und dies mit der Folge, daß er in der Sicht der Etablierten als eine Bedrohung der eingespielten Gesellschaftsordnung erscheint: für die Gesellschaft ihrerseits Anlaß, ihn aus ihrem Herrschaftsbereich auszustoßen und „außerhalb des Lagers" (Hebr 13,13) umzubringen.

Aber kann denn Glaube, so ist nun grundsätzlich zu fragen, tatsächlich heilen? Nicht minder grundsätzlich klingt die wiederholt im Evangelium gegebene Antwort: „Dein Glaube hat dich gesund gemacht". Jesus nimmt also in diesen ältesten Wendungen die geglückte Heilung keineswegs für sich selbst in Anspruch. Vielmehr schreibt er sie dem wie eine selbständige Entität agierenden Glauben zu. Damit ist aber aufs deutlichste unterstrichen, daß er tatsächlich zu heilen vermag[4].

DIE DIASTASE

Wenn man von derart obskuren Praktiken wie dem „Gesundbeten" und der „Geistheilung" absieht, klingt das fast wie ein Märchen aus alter, längst vergangener Zeit. Was sich inzwischen ereignete, ist die Geschichte einer schon in neutestamentlicher Zeit einsetzenden

Diastase, die den Verfall des priesterlichen Arztbildes nach sich zog und schließlich dazu führte, daß die Heilungskompetenz des Christentums völlig an die wissenschaftliche Medizin überging. Das spiegelte sich nicht nur im Erscheinungsbild der Theologie, sondern hatte in dieser auch eine entscheidende Ursache. Die bestand in der Entwicklung der Theologie zu ihrer wissenschaftlichen Systemgestalt.

So war es ihr von innen, zumal aber von außen her auferlegt. Von innen her unterstand sie der Nötigung, den Glauben auf verstehbare Weise auszulegen, weil er von seiner - mit der Gottesoffenbarung gegebenen - Mitte her verstanden sein will. Von außen her wirkte der Zwang, sich gegenüber Einwänden und Angriffen rechtfertigen zu müssen, im gleichen Sinne auf sie ein. Als Markstein dieser Entwicklung erweist sich schon innerhalb des Evangeliums die - nach Ausweis der Kunstgeschichte von der alten Kirche besonders beachtete - Perikope von der Heilung der Gelähmten (Mk 2, 1-12), die ursprünglich als eine bewegende Glaubensgeschichte erzählt wurde, in ihrer überlieferten Endgestalt jedoch argumentativ überarbeitet ist, so daß Jesus durch seine Wundertat die von der Urgemeinde praktizierte, von ihrer jüdischen Umwelt jedoch verworfene Sündenvergebung zu rechtfertigen scheint[5].

Wurden bei der apologetischen Selbstrechtfertigung die philosophischen Kategorien nur defensiv eingesetzt, so schon bald, und das vor allem in der alexandrinischen Theologie, in konstruktivem Interesse. Im Rückblick darauf spricht Augustin davon, daß die Theologen in Erinnerung an die von den Juden beim Auszug aus Ägypten „entliehenen" silbernen und goldenen Gefäße die Denkformen der platonischen und aristotelischen Philosophie übernommen hätten, um mit ihrer Hilfe die Botschaft des Evangeliums in eine szientifische und damit in den wissenschaftlichen Diskurs einzubringende Form zu fassen.

Im weiteren Verlauf entzweite sich die Kooperation dann freilich zur Konfrontation, so besonders bei dem großangelegten Versuch, das in Spanien an den Islam verlorene Territorium für den Christenglauben zurückzugewinnen. Denn dabei stießen die Missionare auf einen averroistisch interpretierten Aristotelismus, dessen elaborierter Begrifflichkeit sie so lange nichts Gleichwertiges entgegenzusetzen hatten, bis ihnen Thomas von Aquin in seiner - auf die spanischen „Heiden" zielenden - ‚Summa contra gentiles' die umfassende Argumentationshilfe vorlegte[6]. In dieser Konfrontation blieb die gegenseitige Angewiesenheit von Theologie und Philosophie unbestritten. Das änderte sich, als René Descartes das Tischtuch zwischen beiden Instanzen zerschnitt, indem er die Sache der Philosophie von den beiden Pflöcken Tradition und Autorität abkoppelte und mit dem Grundsatz „Cogito sum" ausschließlich auf sich selbst stellte. Das führte bei Kant, durchaus konsequent, zur Anzweiflung der traditionellen Verhältnisbestimmung. Denn in seiner Schrift über den Streit der Fakultäten erhebt sich die Frage, ob die als „ancilla theologiae" geltende Philosophie tatsächlich ihrer Herrin die Schleppe nachträgt oder nicht vielmehr die Fackel voranträgt und damit die Spitzenposition übernimmt[7].

Die Reaktion der durch die Glaubensspaltung entzweiten Theologien war ausgesprochen panisch. Während sich die protestantische in ihrer Verzweiflung in die Arme des hegelschen Systems warf, zog sich die katholische auf die Position einer „Philosophia perennis" neuscholastischen Zuschnitts zurück. Während diese ihren Rückzug mit dem Verlust der Gegenwartskontakte büßen mußte, entdeckte jene zu spät, daß sie, wie Karl Löwith in seiner scharfsinnigen Analyse zeigte, einem

im Grunde atheistischen System aufgesessen war[8].
Wenn man das bedenkt und mit Horst Baier hinzu-
nimmt, daß inzwischen Platon und Aristoteles durch
Epikur, den Kronzeugen einer postmodern-hedonisti-
schen Mentalität, aus dem Feld geschlagen wurde, wird
die Orientierungskrise deutlich, der die Gegenwartstheologie verfiel. Und diese belastet sie um so mehr, als
ihr im Zug der Enthellenisierungsdebatte deutlich wurde, wie wenig die hellenistischen Denkformen, trotz der
scheinbaren Übereinstimmung des heraklitischen mit
dem johanneischen Logos, der Denkweise des Evangeliums entsprachen[9].

VERLORENE DIMENSIONEN

Mit der Szientifizierung der Theologie ging aber nicht
nur ihre therapeutische Dimension verloren, sondern
ebenso auch die ästhetische und soziale. Was jene
anlangt, so dachte Jesus vorzugsweise in Bildern. Für die
Vermittlung des für seine Botschaft zentralen Reich-Got-
tes-Gedankens schuf er, der nicht nur als eine Gestalt
der Religions- und Glaubensgeschichte, sondern ebenso
auch der Geistes- und Sprachgeschichte zu gelten hat,
sogar eine eigene aus Bildmotiven gefügte Zeichenwelt
in Gestalt seiner Gleichnisse. Dem folgte auf weiten
Strecken auch der theologische Gedanke. Das platoni-
sche Modell des Aufstiegs zur Ideenschau blieb ebenso
für Gregor von Nyssa (‚Der Aufstieg des Moses') wie für
Augustin in seiner Ostia-Vision und noch für Bonaven-
turas ‚Itinerarium mentis in Deum' bestimmend, zumal
er diese Schrift gleichzeitig an der Kreuzesvision seines
Ordensvaters Franz von Assisi orientierte. Nicht
umsonst umfängt der Schöpfer in Michelangelos
Erschaffung des Adam mit seiner Linken eine Gruppe

von puttenähnlichen Gestalten: Verkörperungen der
Ideen, nach denen dieser Bildtradition zufolge die Kreaturen von Gott entworfen und verwirklicht wurden.
Dann aber, auf der Höhe des Mittelalters, setzte sich die
These durch, daß mit Bildern nicht argumentiert und
daß aus Bildern demgemäß auch keine Lehren abgelei-
tet werden können: *theologia symbolica non est argumenta-
tiva.* Damit begann ein innertheologischer Ikonoklasmus,
der zur systematischen Verdrängung der Bildmotive
durch Begriffe führte. Und mit den Bildern wurde die
ästhetische Dimension insgesamt abgestoßen. Doch der
Gewinn gestaltete sich zum Verhängnis. Denn auch für
die Theologie gilt: Begriffe ohne Anschauung sind blind.
Die Systemtheologie erblindete, sie verlor vor allem an
Zeitsichtigkeit - ein Verlust, der sich angesichts der mit
mächtigen Lettern an die Wand der Epoche geschriebenen Zeichen der Zeit als besonders abträglich herausstel-
len sollte.
Als Hindernis auf dem Weg zur wissenschaftlichen Voll-
gestalt wurde schließlich auch die soziale Dimension
empfunden, obwohl Johann Adam Möhler in seinem
Jugendwerk ‚Die Einheit in der Kirche' darauf bestanden hatte, daß nicht schon der einzelne, sondern erst die
schon im Epheserbrief (4,13) beschworene Glaubensgemeinschaft der vielen als das vollgültige Subjekt der
Gotteserkenntnis gelten könne[10]. Dennoch kam es zu
einer subjektivistischen Verengung des theologischen
Gedankens, die schließlich dazu führte, daß die theologischen Entwürfe nicht mehr so sehr nach den jeweiligen
Richtungen - dialektisch, liberal, neuscholastisch, herme-
neutisch - als vielmehr nach ihren Schöpfern - Barth,
Bultmann, Guardini, Rahner - bezeichnet und damit auf
individuelle Denkleistungen zurückgeführt wurden[11].

DIE SELBSTKORREKTUR

Wie die Erwähnung Möhlers zeigt, regten sich aber auch Gegenkräfte, die auf eine Revision der aufgezeigten Entwicklung hinarbeiteten. Tatsächlich kam um die Jahrhundertwende ein Prozeß in Gang, der im Zug einer umfassenden Selbstkorrektur auf die Wiedereinholung der abgestoßenen Dimensionen hinarbeitet und der nun in rückläufiger Abfolge skizziert sei. Daß dabei mit der Rückgewinnung des Sozialbereichs der Anfang gemacht werden muß, ergibt sich nicht zuletzt auch daraus, daß ihr im Feld der wissenschaftlichen Medizin eine analoge Entwicklung entspricht. Während der Hauptstrang der Gegenwartstheologie noch immer von Entwürfen bestimmt ist, die ihr Gepräge dem unverwechselbaren Gesicht ihres Schöpfers verdanken und in dieser Herkunft aus einer individuellen Denkweise ihr „Gütesiegel" haben, setzte sich Hans Schaefer im Feld der wissenschaftlichen Medizin mit seinem Konzept einer Sozialmedizin für die Einbeziehung der Sozialfaktoren in den medizinischen Forschungs- und Aktionshorizont ein. Im Feld der Theologie war es die von Jürgen Moltmann und Johann Baptist Metz entwickelte politische Theologie, die vor allem in ihrer Fortbildung zur lateinamerikanischen Befreiungstheologie auf die Einbeziehung der Gemeinschaft in den Begriff des Glaubenssubjekts ausging und dadurch auf die längst überfällig gewordene „Entprivatisierung" des theologischen Denkens hinarbeitete[12].

Was die Wiedereinholung der ästhetischen Dimension anlangt, so ist zunächst auch hier ein retardierendes Moment zu verzeichnen, sofern Odo Marquard der These von der Wiedergeburt der Bilder mit der Gegenthese von der Anästhetisierung der heutigen Lebenswelt widersprach. Um so mehr ist im Hinblick darauf an den von einer anhaltenden Lebenstragik überschatteten Martin Deutinger zu erinnern, der als erster gegenüber einer zunehmend „abstrakt" gewordenen Theologie (Müller-Schwefe) auf den Wert der künstlerischen Glaubenszeugnisse abhob[13]. In seine Spur trat Hans Urs von Balthasar mit seiner unter dem Titel ‚Herrlichkeit' erschienenen mehrbändigen theologischen Ästhetik, wenngleich im Unterschied zu Deutingers umfassenderem Ansatz mit einer auf die Literatur eingeengten Perspektive[14]. Inzwischen sprechen deutliche Anzeichen dafür, daß der Eigenwert des künstlerischen Glaubenszeugnisses, der der alten Kirche noch klar vor Augen gestanden haben muß, wiederentdeckt und mit der Erkenntnis begründet werden muß, daß der große Künstler über einen eigenen intuitiv-invasiven Zugriff auf das religiöse Mysterium verfügt, so daß seinem Werk ein eigener, von Theologie und Verkündigung zu berücksichtigender Aussagewert zukommt. Nachdrücklicher hätte die These der Anästhetisierung schwerlich falsifiziert werden können.

Demgegenüber muß die Funktion der auf die Wiedergewinnung der Heilkraft ausgerichteten therapeutischen Theologie zunächst negativ bestimmt werden. Keinesfalls kann es ihr darum zu tun sein, das an die wissenschaftliche Medizin abgetretene Territorium zurückzugewinnen und sich auf die Seite der Gesundbeter und Geistheiler zu schlagen. Das bringt der zwischen Bedauern, Bewunderung und Ironie oszillierende Satz zum Ausdruck:

Die Wunder Jesu sind in die Hände der Ärzte gefallen.

Bewunderndes Bedauern und bedauernde Bewunderung mischen sich in diesem Satz, weil der Theologie mit der großen Diastase etwas verlorenging, was zu den

Prärogativen der Lebensleistung Jesu zählte. Daß im Blick auf derartig spektakuläre Leistungen wie der Transplantationstechnik von „Wundern" gesprochen werden kann, hängt nicht zuletzt mit der von Sigmund Freud in seinem Essay ‚Das Unbehagen in der Kultur' entwickelten These zusammen, daß sich die moderne Hochtechnik von der Seite des um Daseinserleichterung bemühten Menschen auf die des träumenden geschlagen und sich auf die Realisierung dessen konzentriert habe, wovon die Menschheit seit Jahrtausenden träumte: von dem in den Atomreaktoren gebändigten „himmlischen Feuer", von der in der Mondlandung gelungenen Sternenreise und von dem in der Transplantationstechnik verwirklichten „kalten Herzen" (Hauff); denn in all diesen Fällen wurden Utopien realisiert, ähnlich der in den Wundern Jesu vorweggenommenen Utopie des Gottesreiches[15].

Demgegenüber bezieht sich der ironische Unterton des Satzes auf die für beide Teile fatalen Rückwirkungen der Diastase, die, physiologisch ausgedrückt, zu einer jeweiligen „Verkrampfung" führten: der Theologie in Form einer sich aus dem nachwirkenden Aristotelismus erklärenden vergegenständlichenden Denkweise, die die Mysterien zu satzhaft umschriebenen Objekten des Glaubens gerinnen ließ, aber auch der Medizin, die auf durchaus vergleichbare Weise den Patienten zum „Fall" denaturieren mußte, um ihre diagnostischen und therapeutischen Instrumentarien erfolgreich auf ihn ansetzen zu können. So aber geriet der untersuchende und behandelnde Mediziner in die Position des „verwundeten" Arztes, der sich nach Paracelsus den Patienten „einbilden" und so in eine Leidensgemeinschaft mit ihm treten muß, um ihn heilen zu können. In der Selbstdarstellung Jesu als „Arzt" entspricht dem der Selbsteinwand, den er in der Kontroverse mit den Synagogenbesuchern von Nazaret in den Appell faßt: „Arzt, heile dich selbst!" (Lk 4,23)[16].

Wer dieser Verwundung auf den Grund geht, sieht den Arzt in einer komplizenhaften Konfrontation mit dem Tod, der ihm wie in dem Grimmschen Märchen ‚Gevatter Tod' durchaus Erfolge einräumt, die ihn in einem Rückzugsgefecht mit dem Arzt erscheinen lassen, der sich dafür aber zu gegebener Zeit auch zu rächen weiß. Eben dies ist die exakte Beschreibung der gegenwärtigen Kampflage. Zwar gelang es der wissenschaftlichen Medizin nicht nur, die statistische Sterbemarke bis ins achte Lebensjahrzehnt hinauszuschieben, sondern, erstaunlicher noch, fast alle akuten Krankheiten, darunter so verheerende wie Aussatz, Cholera und Tuberkulose fast vollständig zum Stillstand zu bringen. Indessen kam der aus der Lebenswelt verdrängte Tod durch die Hintertür wieder in diese herein. Und dies zunächst in Form einer Krankheit, für die es nicht einmal einen Namen gab, so daß sie bis zur Stunde mit dem Kunstwort Aids angesprochen werden muß. Ungleich gravierender schlägt jedoch die Tatsache zu Buch, daß im selben Maß, wie die akuten Krankheiten beseitigt wurden, die Zahl der chronisch Kranken, denen mit den Mitteln der Wissenschaft nicht zu helfen ist, in beängstigendem Umfang wuchs. Doch die chronisch Kranken sind nach Einschätzung der gegenwärtigen Leistungs-, Konsum- und Genußgesellschaft die lebendig Toten, da sie weder als Leistungsträger noch als Konsumenten in Betracht kommen und zudem durch ihr Leiden genußunfähig geworden sind. Tote sind sie, schlimmer noch, auch infolge ihrer Selbsteinschätzung. Denn ihnen fehlt mit der gesellschaftlichen Beanspruchung der elementare Anstoß zur Sinnfindung: das Gefühl, gebraucht zu werden und für andere unentbehrlich oder doch wenigstens bedeutsam zu sein. Sich selbst in der wachsenden

Einsamkeit ihrer Krankheit überlassen zu sein, vernichtet den Rest ihres Selbstwertgefühls, so daß sie sich als überflüssig, wenn nicht gar als Belastung für andere vorkommen, als Menschen also, die besser gar nicht mehr da wären.

DIE THERAPIE

Hier setzt die positive Bestimmung dessen ein, was eine therapeutische Theologie vermag: Sinn in der Wüste der vermeintlichen Sinnlosigkeit zu vermitteln. Auch für die Verdeutlichung dieser Aufgabe bietet sich - wie das Michelangelo-Fresko für die Verdeutlichung der schöpferischen Gottesideen - ein Kunstwerk an: das Kreuzigungsbild des Isenheimer Altars. Denn aus der auf den Gekreuzigten hinweisenden Geste des im blutroten Gewand seines Martyriums erscheinenden Täufers spricht eine Botschaft, die kaum sinnfälliger gemacht werden könnte und in ihrer einfachsten Fassung lautet: Leiden hat Sinn. Wenn der Sinnverlust, wie der Blick auf die Not des chronisch Kranken zeigte, letztlich von der Todesdrohung ausgeht, ist damit das Verhältnis des Christentums und seiner theologischen Interpretation zum Tod erfragt. Darauf aber lautet die Antwort: das Christentum ist die einzige Religion, die es in ihrer Auferstehungsbotschaft mit dem Tod aufgenommen hat. Dann aber liegt es nah, daß sich das Prinzip dieser Todüberwindung dort zeigen muß, wo die Sinnhaftigkeit des Leidens dem Fingerzeig des Isenheimer Altars zufolge aufscheint: am Kreuz. Wie die Todesdrohung in die Wüste der Sinnlosigkeit vorstößt, so leuchtet in dem im höchsten Sinn des Wortes angenommenen Kreuzestod Jesu der Inbegriff der Sinnfülle auf: die todüberwindende göttliche Liebe. Doch darüber liegt eine zweifache

Hülle. Eine erste in Gestalt der bis in die neutestamentlichen Schriften, jedoch nicht bis in die einschlägigen
Äußerungen Jesu zurückzuverfolgenden Ansicht, daß er
als Sühneopfer für die Sündenschuld der Welt sterben
mußte. Denn die scheinbar alle Fragen ausräumende
Plausibilität dieser Satisfaktionsthese ist durch die Tatsache verschattet, daß sie eine Gottesvorstellung voraussetzt, die durch Jesus eindeutig überwunden worden
war. In seiner zentralen Lebensleistung, die ihn als den
größten Revolutionär der Religionsgeschichte, wenngleich im Sinn der sanftesten aller Revolutionen aus-
weist, hatte er den Schatten des Zornes und der Strafgerechtigkeit ersatzlos aus dem Gottesbild der religiösen
Traditionen mit Einschluß der seines eigenen Volkes
getilgt und darin statt dessen das Antlitz des bedingungslos liebenden Vaters zum Vorschein gebracht. Und
nicht nur dies! Durch die Opfer- und Sühnelehre wurde
der Tod Jesu funktionalisiert und einem wenn auch
noch so hohen Zweck unterworfen. Dabei hatte sich
aber gerade die Philosophie dieses Jahrhunderts unter
dem Eindruck der ungeheuren Ernte, die der Tod in dieser blutigsten Epoche der bisherigen Menschheitsge-
schichte eingefahren hat, zu der Erkenntnis erhoben,
daß der Tod des Menschen zweckfrei gedacht und
behandelt werden müsse, weil sich in ihm definitiv
klärt, was es mit dem Dasein des Sterbenden auf sich
gehabt hatte, weil es also, anders ausgedrückt, im Tod
um den Sinn des Menschseins geht[17].
Wenn aber diese Hülle vom Kreuze Jesu weggenommen
wird, leuchtet in ihm spontan das auf, worin der Sinn
seines in lückenloser Treue zu Gott, seiner Sendung zu
den Menschen hingegebenen Lebens bestanden hat:
Liebe. Deshalb ging, metaphorisch gesprochen, in der
Nacht von Golgota eine unsichtbare Sonne auf, die Sonne der von Jesus gelebten und auf seinen Gott zurück-

weisenden Liebe. Wie auf die Frage nach der Identität des Menschen antwortet diese auf die nach dem Sinn seines Leidens, auch - und insbesondere - des chronisch Leidenden.

Die zweite Hülle liegt auf den Augen derer, die diese aufleuchtende Antwort wahrnehmen sollten: auf den Augen der geängstigten Menschen. Denn die Angst ist der vorweggenommene, der täglich vorgefühlte Tod und darum wie dieser selbst die Finsternis, die keinen Sinn erscheinen und erkennen läßt[18]. Da sie aber, wie Karl Kaspers schon vor Jahrzehnten sagte, zum Schicksal gerade des heutigen Menschen geworden ist, dessen Weg eine „so noch nie gewesene Lebensangst" verdunkelt, muß nach einer Instanz der Angstüberwindung Ausschau gehalten werden[19]. Auch dafür bietet sich im weiten Feld der Therapien keine so unmittelbar an wie das Christentum, das sich im selben Sinn, wie es den Kampf mit dem Tod aufnimmt, als die große Religion der Angstüberwindung erweist. Auch das klingt angesichts der seit Jahrhunderten eingeübten Praxis aller christlichen Konfessionen, die ungeachtet aller Differenzen darin übereinkommen, daß der unbotmäßige Mensch mit der Peitsche der Sünden- und Höllenangst zur Akzeptanz ihres Heilsangebots getrieben werden müsse, wie ein Märchen. Zu den geheimen Hoffnungszeichen der Gegenwart gehört aber fraglos die Tatsache, daß dieser Mechanismus - wie die Hinrichtungsmaschine in Kafkas Parabel ‚In der Strafkolonie' - in sich zusammenbricht, so daß mit der Suggestion von Ängsten nicht länger religiöse Pädagogik getrieben werden kann. Unaufhaltsam, so scheint es, setzt sich die mit der Lebensleistung Jesu gegebene Mitte des Christentums gegen alle Verstörungen durch, auch gegen die das Himmelslicht abblendende Wirkung der Angst.

Wenn nun aber beide Hüllen entfernt werden, kann

sich im Kreuz nur das zeigen, wofür Jesus mit dem Einsatz seiner ganzen Geistes- und Herzenskraft gelebt hatte: bedingungslose Liebe. Dann ereignete sich in der Nacht von Golgota tatsächlich der Sonnenaufgang der alles durchglühenden göttlichen Liebe. Sie sagt den Einsamen, daß sie aufgenommen und beheimatet, den Verzweifelnden, daß sie anerkannt und verstanden, den Suchenden, daß sie angekommen, den Geängstigten, daß sie geborgen sind. Weil sich aber Sinn dort einstellt, wo ein Mensch in Anspruch genommen und gebraucht wird, heißt das für die chronisch Kranken, daß sie nicht vergeblich leiden, weil Leiden Sinn hat. Denn Gott wird, wie der unter dem Namen Dionysius Areopagita verborgene große Denker der alten Christenheit sagt, mehr noch durch Leiden als durch Forschen erkannt: *non discens, sed patiens divina*[20].

DIE PRAXIS

Wenn man die Widerstände bedenkt, auf die Jesus bei der Verkündigung seiner Liebesbotschaft stieß, die ihm nicht nur (nach Joh 6,66) den Massenabfall, sondern letztlich sogar den Tod eintrug, wird die Frage nach der konkreten Vermittlung unabweisbar. Sie wird sich, wie andere Aufgaben dieser Größenordnung, nur auf kooperativem Weg, also in einer Aktionsgemeinschaft von therapeutischer Theologie und medizinischer „Salutogenese" (Bock) bewerkstelligen lassen. Dabei wird sich die Theologie in Erinnerung an die Bitte des um das Leben seines Untergebenen besorgten Hauptmanns: „Sprich nur ein Wort, dann wird mein Diener gesund" (Mt 8,8) in erster Linie auf die Wirkmacht des Wortes und der von der heutigen Linguistik weithin übergangenen Sprachqualitäten besinnen müssen. Denn durch die

Engführung einer auf Entstehung und Realisierung des Informationstransfers konzentrierten Sprachanalyse, die auch durch die Einbeziehung der performativen Sprachleistungen (Austin) nicht zum Vollbegriff ihres Gegenstands gelangte, geriet die Tatsache aus dem Blick, daß Worte verletzen und kränken, nicht weniger aber auch aufrichten und trösten können. Darauf müßte sich eine angewandte „Theotherapie" konzentrieren[21].

Im einzelnen ginge es dabei um die Nutzung des „überführenden" (elenchischen) Redens, das den Patienten zum Bewußtsein seiner inneren Sperren und Blockaden zu bringen sucht, um die des teilnehmenden (partizipierenden) Redens, das den Bann seiner Einsamkeit zu brechen sucht, um die des bestätigenden (aufrichtenden) Redens, das sein angegriffenes Selbstwertgefühl zu festigen sucht und zumal um die des tröstenden Zuspruchs, der freilich nur auf der Basis echter Einfühlung und Teilnahme wirksam wird[22].

Dabei bedarf es vielfach medizinischer Unterstützung, weil sich gerade chronisch Kranke oft in einem solchen Stimmungstief befinden, daß ihnen mit „gutem Zureden" allein nicht zu helfen ist. Indessen verfügt die wissenschaftliche Medizin über eine Vielzahl von medikamentösen, bewegungstherapeutischen, psychologischen und gruppendynamischen Mitteln, die erfolgreich zu dem Ziel eingesetzt werden können, die depressive Barriere zu durchbrechen. Da das Wort als naturales Medium zu gelten hat, ist überdies der Einsatz anderer Medien wie Bild und Ton - und hier besonders der schon bei Davids Harfenspiel (1 Sam 16,23) zu therapeutischen Zwecken verwendeten Musik - in Betracht zu ziehen[23]. Über den Heilungserfolg entscheidet aber letztlich die Frage, ob es auf dem Weg dieser Mittel gelingt, in dem Kranken den Glauben an seine Genesung zu wecken. Denn es sind nicht so sehr die eingesetzten

Mittel als vielmehr die durch den Glauben freigesetzten Energien, die Linderung oder gar Heilung bewirken. Die entscheidende Weichenstellung aber besteht darin, daß dem Kranken zur Annahme seines Schicksals und damit seiner selbst verholfen wird. Deshalb läßt sich das Programm der therapeutischen Theologie in den Satz zusammenfassen: Leiden hat Sinn!

»Auch ihr werdet leben«

DER INWENDIGE ZUSPRUCH

DIE FRAGE

„Wer bist du?" ist Jesus nach der exzessiven Deutung
Martin Bubers von seinem hohepriesterlichen Richter
gefragt worden, so wie er selbst an der Wegscheide seiner Lebensgeschichte die Jünger nach seiner Identität
gefragt hatte[1]. Jetzt aber sind wir es, die ihm dieselbe
Frage, wenngleich in ganz anderer Erwartung, stellen.
Und anders als damals lautet seine Antwort. Nicht mehr
prospektiv, im Ausblick auf seine österliche Erhöhung,
sondern aus der Position des endzeitlich Erhöhten, also
so, wie es die Eingangsvision der Apokalypse zum Ausdruck bringt und wie es das Oratorium von Franz
Schmidt ,Das Buch mit den sieben Siegeln' erklingen
ließ:

> Ich bin das A und das O, der Anfang und das Ende,
> der erste und der letzte[2].

In der Vision trägt er ein Diadem aus sieben Sternen in
seiner Rechten. Mit diesem Wort beansprucht er somit,
daß ihm die ganze Welt vom Anfang bis ans Ende ihrer
Geschichte in die Hand gelegt ist. Was ist damit tatsächlich gesagt?
Das kann nur beantwortet werden, wenn zuvor der
Hintergrund der Frage ausgeleuchtet und ihre Veranlas-
sung geklärt wird. Und das bezieht sich auf den Ort
und das Recht dieser Frage. Was ihren Ort betrifft, so
besteht er in jener Innerlichkeit, die durch die mystische
Einwohnung „eröffnet" und „bezogen" wurde, also in
der für Paulus selbstverständlichen, nach Gottlieb Söhngen in der Gegenwartstheologie jedoch weithin vergessenen Tatsache, daß das Ziel der Auferstehung Jesu des-

sen Einwohnung im Herzen der Seinen ist; denn die traditionelle Antwort „Aufgefahren in den Himmel, Er sitzt zur Rechten Gottes, des allmächtigen Vaters" bezieht sich, mit einer hermetischen Gottesformel gesprochen, auf jene „Sphäre", deren Umkreis nirgendwo und deren Zentrum überall ist[3]. Mit der Bestimmung dieses Ortes klärt sich aber auch der Anlaß und damit das Recht der Frage. Ihr Hintergrund ist nach alledem die durch die Einwohnung des Erhöhten gewonnene neue Identität, die unwillkürlich die Erinnerung an den durchschnittlichen Identitätsgewinn und das Erwachen zum personalen Selbstbewußtsein weckt.

DIE BEWUSSTWERDUNG

Nach unvordenklicher, zumindest bis auf Platon zurückreichender Ansicht besteht der Urakt der Bewußtwerdung in einem Akt des Staunens darüber, daß etwas ist und nicht nichts (Leibniz). Doch dem Staunen ist, wie der Ausdruck „starr vor Staunen" beweist, ein Moment der Erstarrung beigemischt, das auf einen tieferen Ursprung zurückweist (Rosenzweig), auf ein elementares Erschrecken und ein Erlebnis der Angst, und zwar Angst in ihrer Radikalform als Todesangst. Denn noch bevor sich der Denkende im Begreifen, daß etwas ist, an etwas festzuhalten vermag, fühlt er sich in das von ihm zunächst erlebte Nichts zurückgestoßen, so daß ihm der Ansatz zu seinem „Ich" unwillkürlich zu einem Notschrei, einem De profundis, gerät. Doch dieser Notschrei verhallt, wie Nikolaus von Kues auf einem Höhepunkt seiner Meditation ,Vom Sehen Gottes' deutlich machte, nicht ungehört. Ihm antwortet vielmehr ein rettender Zugriff, den der Kusaner mit den Worten umschreibt:

Sei dein eigen, dann bin auch ich dein eigen. (c. 7,25)

Das aber ist die Ermutigung, der Todesdrohung durch einen Akt bewußter Selbstbehauptung zu begegnen, dem ein transzendenter Beistand zu Hilfe kommt. Aufleuchtend auf dem Meer der Angst nimmt der zu sich selbst Erwachende dann das wahr, was nach philosophischer Deutung das Primordialerlebnis seiner Bewußtwerdung ist: daß Seiendes ist und nicht nichts und das als solches zum Inhalt seiner staunenden Erkenntnis wird. Jetzt befällt ihn nicht mehr die nach Rosenzweig mit seinen Staunen einhergehende Erstarrung, weil er diese, der Angst entronnen, bereits hinter sich ließ. Doch diese These einer der Bewußtwerdung zuvorkommenden Angstüberwindung ist von einer religiösen Hypothek belastet, die gelöscht werden muß, wenn sie überzeugen soll.

DIE EINWOHNUNG

Das könnte auf dem von Cusanus angedeuteten Weg der Dogmatik geschehen, die das Gesagte auf den Schöpfungsakt zurückführen und von dorther glaubhaft machen müßte. Doch verheißungsvoller ist der Weg der Mystik, der unmittelbar ins Zentrum des christlichen Existenzaktes führt. Dort wird der Bann der Angst durch die Einwohnung dessen gebrochen, der gekommen ist, um diejenigen zu erlösen, die ein Leben lang das Joch der Todesfurcht getragen (Hebr 2,15) und ihr Dasein im Schatten der Angst verbracht haben. Daß das zentral auf die Gottesentdeckung Jesu, konkreter noch gesprochen, auf seine ehrfürchtig-zärtliche Abba-Anrufung zurückgeht, sagt Paulus in dem Schlüsselwort des Römerbriefs:

Ihr habt doch nicht den Geist der Knechtschaft empfangen, so daß ihr euch aufs neue fürchten müßtet, sondern den Geist der Kindschaft, in dem wir rufen: „Abba – Vater!". (Röm 8,15)[4]

Doch hier wird immer noch vorausgesetzt, was erst bewiesen werden muß; denn wie wird der Mensch zum Gotteskind? Formal gesprochen dadurch, daß ihn Gott, ungeachtet seiner Hinfälligkeit, Versuchlichkeit und Schwäche an sein liebendes Herz zieht und ihm dadurch zu einem naturhaft nicht erreichbaren Selbstverhältnis verhilft. Inhaltlich gesehen durch die Einwohnung Christi in den Seinen. Doch wenn dieses auch, wie Söhngen belegte, zu einem der vergessenen Gegenstände der Gegenwartstheologie herabsank, ist doch nur dadurch die Frage nach dem Grund christlicher Angstüberwindung zu beantworten. Denn damit nimmt der vom geängsteten Menschenherzen Besitz, dessen lebensgeschichtliche Großtat in der Entdeckung des vorbehalts- und bedingungslos liebenden Gottes bestand und der nun als dessen bildhafte Vergegenwärtigung das Joch der Angst und Todesfurcht zerbricht.

Als Grundpfeiler der Mystik aber wurde die Einwohnung, zusammen mit dem Motiv des Umfangenseins von Christus, wie die von Adolf Deissmann, Albert Schweitzer und Alfred Wikenhauser repräsentierte Paulusforschung der ersten Hälfte des vorigen Jahrhunderts nachwies, durch den Protagonisten der christlichen Mystik, Paulus, herausgestellt, der seine mystische Lehre sowohl auf das „in Christus" wie auf die Gegenvorstellung des „Christus in uns" begründet[5]. Er sieht nach dem Zeugnis seiner Briefe beide Motive in engster Korrespondenz, so daß sich das Umgriffensein als Horizont der Einwohnung und diese als das Zentrum der umgreifenden Sphäre darstellt. Beides aber bezieht sich, philosophisch gesehen, auf die mittelalterliche Formel von der unendlichen Sphäre und dem Allmittelpunkt, die ebenso das göttliche „Alles in allem" (1Kor 15,28) wie das All des Seienden, also die Welt, bezeichnet. Was aber hat die Einwohnung mit der Welt zu tun?

DER WELTBEGRIFF

Auf diese Frage, in der nun doch die zunächst beiseite geschobene Dogmatik zu ihrem Recht kommt, antwortet Paulus zunächst grundsätzlich:

> *Alles gehört euch..., Welt, Leben und Tod, Gegenwart und Zukunft; alles gehört euch: ihr aber gehört Christus und Christus Gott. (1Kor 3,21)*[6]

Wie aber der Weltbesitz der zu Christus Gehörenden zustandekommt, deutet er in seinem „optischen" Damaskuszeugnis an, das die Frage auf den kosmischen Aspekt der Auferstehung Jesu zurückführt:

> *Gott, der gesagt hat: „Es werde Licht", er hat es auch in unsern Herzen tagen lassen, zum strahlenden Aufgang der Gottesherrlichkeit auf dem Antlitz Christi. (2Kor 4,6)*[7]

Im Licht der Präexistenzaussage von „unserm Herrn Jesus Christus, durch den alles ist und durch den auch wir sind" (1Kor 8,6) gelesen, wird in diesem auf den Schöpfungsbericht zurückblickenden Zeugnis die Geschichte von der Entstehung der Welt aufs neue aufgerollt, gestützt auf den Gedanken, daß „in Christus weder Beschnittensein noch Unbeschnittensein etwas zählt, sondern allein die neue Schöpfung" (Gal 6,15). Die auf das brüchige Fundament der universalen Todverfallenheit gegründete Welt gewann in dem ein neues und ungleich stabileres Fundament, der durch seine Auferstehung diesem Gesetz entrissen und als „Erstgeborener von den Toten" (Kol 1,18) in das unverlierbare Gottesleben und damit in den Inbegriff der Wirklichkeit aufgenommen wurde. Dadurch gewann alles einen neuen Stellenwert, so daß der Kolosserbrief vom Auferstandenen sagen kann:

> *Alles ist in ihm und durch ihn geschaffen, was im Himmel und was auf Erden ist, das Sichtbare wie das Unsichtbare: Throne, Herrschaften, Mächte und Gewalten; alles ist durch ihn und auf ihn hin geschaffen. Er ist vor allem und das All hat in ihm Bestand. (Kol 1,16f.)*[8]

Mitgesagt ist in alledem, daß auch das menschliche Dasein darin eine Neubegründung erfuhr, so daß die Klage des Apostels über die allgemeine Todverfallenheit (Röm 7,24) nicht unbeantwortet verhallte.

DAS GESCHICHTSBILD

Bevor diese Spur verfolgt werden kann, muß jedoch der Frage nachgegangen werden, ob die Aussage über den Kosmos auch auf die andern Bereiche zutrifft, in die der Weltbegriff in seiner neuzeitlichen Deutung abgewandelt wurde. Nach Giambattista Vico bezog er sich unter dem Eindruck des erwachenden Geschichts- und Gesellschaftsbewußtseins fortan nicht mehr auf das von den Naturwissenschaften erforschte Universum, sondern auf die „ganz gewiß vom Menschen gemachte" Menschenwelt, den *mondo civile* der sich geschichtlich gestaltenden und umgestaltenden Menschenwelt[9]. Es liegt in der Natur dieser Entwicklung, daß darauf von der im Kosmosdenken befangenen Antike und damit auch vom

114

frühen Christentum keine Antwort zu erwarten ist.
Immerhin bricht Paulus im Römerbrief mit der – von
ihm schon in der Korrespondenz mit Korinth vernein-
ten (1Kor 7,31) – Vorstellung von einer ewig in sich krei-
senden Welt, wenn er diese in Wehen liegen und sehn-
süchtig ihrem Ziel „der Freiheit der Gotteskinder" ent-
gegenstreben sieht (Röm 8,20ff.)[10].
Die dem Gewicht der Frage angemessene Antwort
ergab sich jedoch erst aus dem zunächst lebensgeschichtlich und zuletzt zeit- und weltgeschichtlich entfal-
teten Einwohnungsmotiv. Das erste verdeutlicht uns
eine Stelle des Hoheliedkommentars des Kapadokiers
Gregor von Nyssa:

> *Das in uns geborene Kind ist Jesus, der in denen, die*
> *ihn aufnehmen, auf unterschiedliche Weise an Weisheit,*
> *Alter und Gnade heranwächst; denn er ist nicht in*
> *einem jeden der Gleiche. Vielmehr erscheint er je nach*
> *dem Gnadenmaß dessen, der ihn aufnimmt, und nach*
> *dessen Aufnahmefähigkeit einmal als Kind, dann als*
> *Heranwachsender und schließlich als Vollendeter*[11].

Es ist das die von Guardini als „unerhört" empfundene
Vorstellung, daß sich die Lebensgeschichte Jesu in indivi-
dualgeschichtlicher Abwandlung im Glaubenden wiederholt, so daß er in einem jeden aufs neue geboren
wird, um in ihm zu reifen und schließlich das volle Alter
der Mündigkeit zu erreichen[12]. Aber auch, wie dem hin-
zuzufügen ist, um in ihm zu lehren, zu kämpfen, zu leiden, zu sterben und zu neuem Leben aufzuerstehen.
Ungleich kühner ist jedoch die Umsetzung dieser
„Ontogenese" in die weltgeschichtliche „Phylogenese",
für die sich Gertrud von le Fort in ihrem dichterischen
Werk, vermutlich auf Grund einer Anregung Przywaras,
ausgesprochen hat. Danach haben auch die geschichtlichen Epochen ihr mystisches Formgesetz in der

Lebensgeschichte Jesu, so daß die eine im Frühlicht der Menschwerdung, die andere im Dunkel von Getsemani, eine dritte in der Nacht von Golgota steht, während über anderen die Morgenhelle der Auferstehung aufgeht und wieder andere von Vorboten des Weltgerichts erschüttert werden[13]. Das kommt aber auch einer Aussage über den Gang der Glaubensgeschichte gleich. Danach ist diese, ungeachtet ihrer inhaltlichen Kontinuität, einem permanenten Wandel unterworfen, der sein innerstes Formgesetz im Gang der Lebensgeschichte Jesu und ihrer zeitgeschichtlichen Brechung hat. Doch damit tritt auch schon ein dritter Aspekt des Weltbegriffs in den Vordergrund, der die geistige und kulturelle Welt betrifft und nun gleichfalls unter christologischem Gesichtspunkt befragt werden muß.

DIE GEISTESWELT

Auf diesem Feld hinkt die Entwicklung noch weiter nach als auf dem des gesellschaftlich-geschichtlichen Weltbegriffs, da sich das Bewußtsein, in das Netz einer universalen Kommunikation und freier Verfügbarkeit aller Geisteswerke eingebunden zu sein, erst im Gefolge der rapide eskalierenden Medienszene konstituiert. Von der bereits absehbar gewordenen Macht der damit anvisierten Entwicklung vermittelt aber die heftig diskutierte These Samuel Huntingtons einen Begriff, wonach die Ursachen künftiger Kriege nicht mehr in ökonomischen oder imperialen Interessenkonflikten, sondern im „Zusammenprall der Zivilisationen", also in geistig-religiösen Spannungen, zu suchen sind. Wenn man davon ausgeht, daß die Metaphysik der letzten Phase in die Technik abgewandert ist, heißt das, daß die Technik in ihrer zweifellos invasivsten Form, der Medientechnik, ihre philosophische Tiefenstruktur freizusetzen beginnt und zur Verlagerung des Schwergewichts der Dinge ins Geistig-Kommunikative führt. Doch in welcher Beziehung steht das zum Einwohnungsmotiv und seinem Sinngrund? Darauf antwortet wiederum der Kolosserbrief mit dem Wunsch des in der Rolle des Apostels sprechenden Verfassers, seine Adressaten möchten zur vollen Einsicht in das in Christus bestehende Gottesgeheimnis gelangen,

> *in dem alle Schätze der Weisheit und Erkenntnis verborgen sind. (Kol 2,2f.)*[14]

Die Entsprechung zu der zuvor herausgestellten Weltbedeutung Christi springt in die Augen. Wie dort alle Kreaturen, verstanden als die Gesamtheit des Wirklichen, auf den durch seine Auferstehung zum Prinzip einer Neuschöpfung Gewordenen zurückgeführt und begründet wurden, so erscheint er jetzt als Inbegriff aller Weisheit, allen Wissens und aller Erkenntnis; denn:

> *Es gibt keine andere Erkenntnis als dieser eine ist, in ihm ist Anfang und Ende alles Erkennens*[15].

Mit diesem Satz bezieht Lohmeyer die Welt der Wissenschaft und Forschung ausdrücklich auf die Schöpfungsaussage zurück, in der der „Erstgeborene aus den Toten" im Blick auf seine Position als Seinsprinzip „der Anfang" genannt wurde (Kol 1,18). Im selben Sinn erscheint er nun auch als Prinzip und Inbegriff der geistigen Welt, der Welt der Forschens, des Wissens und der Kultur[16]. Den ebenso kühnen wie rigorosen Versuch, die prozessuale Seite des „objektiven Geistes" auszuleuchten, unternahm Hegel in seiner ‚Philosophischen Weltgeschichte' (1822), in der er diese formal als die der Selbstauslegung des Geistes und inhaltlich als „Fortschritt im Bewußtsein der Freiheit" bestimmte[17]. Zwar schiebt er

dabei alles Gegenläufige und Widerstrebende mit rigoro-
ser Hand beiseite; doch zieht er unverkennbar mit dem
– bereits prozessual gemeinten – Grundsatz des Galaterbriefs gleich, mit dem Paulus seinem Zentralbegriff von
Christentum Ausdruck verlieh:

Zur Freiheit hat uns Christus befreit. (Gal 5,1)[18]

Im Rückblick auf das Pauluswort von den „Wehen",
unter denen die Schöpfung ihrem Endziel entgegen-
strebt, aber auch im Hinblick auf den tatsächlichen Gang
der Weltgeschichte wird man auch von dieser Freiheits-
geschichte sagen müssen, daß sie ihrem Ziel nur unter
Rückschlägen und Schmerzen näherkommt, daß sie
aber auch wie Paulus und die vielen, die in seine Fuß-
spur treten, immer wieder Förderer, Verteidiger und
Märtyrer findet, die sich für das von ihr verfolgte Ziel
einsetzen und dafür sorgen, daß in dieser sich immer
wieder verschließenden Welt Freiräume entstehen, in
denen sich der Mensch als der zur Freiheit geborene
erkennt, und in der der Glaube als die Tat der Freiheit
erfahren wird. In diesen Freiräumen bestätigt sich dann
aber nicht nur das Wort: „Die Wahrheit wird euch frei
machen" (Joh 10,32), sondern auch das Recht der
Umkehrung dieses Satzes. Denn Wahrheit wird nur in
Akten der Selbstbefreiung von Wahnvorstellungen und,
wesentlicher noch, von blindwaltenden Zwängen
gefunden, so daß aus alledem gefolgert werden kann,
daß die gesamte Geisteswelt, von ihrem Ursprung her
gesehen, das Werk der Freiheit ist.
Da dies auch für den gilt, in dem alle Schätze der Weisheit verborgen sind, erhebt sich die Frage, wie es zu seiner Gleichsetzung mit der Weisheit kam; denn im Zentrum der paulinischen Christologie steht, wegweisend
für die urchristliche Stilisierung Christi, der Satz:

Er ist für uns von Gott zur Weisheit, zur Gerechtigkeit, zur Heiligung und Erlösung geworden. (1Kor 1,30)[19]

Die vermutlich beste Erklärung führt über die Frage nach der Entstehung der spekulativen Weisheit im nachexilischen Israel ans Ziel. Denn zu ihr erhob sich das Ingenium Israel unter dem Eindruck, daß die seine früheren Wege begleitenden Prophetenstimmen verstummten, wie es das bewegende Psalmwort beklagt:

Prophetische Stimmen hören wir nicht; deutende Zeichen sehen wir nicht, und keiner von uns weiß, wie lange noch. (Ps 74,9)[20]

Da die prophetischen Rufer aber keineswegs von sich aus verstummten, sondern gewaltsam zum Schweigen gebracht worden waren, hatte die Konzeption der Weisheit, in der Israel fortan seine Geschichte reflektieren und daraus Konsequenzen für sein Verhalten zu ziehen lernte, den Charakter einer schöpferischen Kompensation, in der es das an den Propheten begangene Unrecht in eine sinnstiftende Idee umzusetzen suchte. Da im Kreuzestod Jesu der letzte aus der Reihe der Propheten zum Schweigen gebracht wurde, dürfte sich seine Identifikation mit der Gestalt der Weisheit auf ähnliche Weise vollzogen haben, nur daß die Wendung, wonach er „von Gott" zur Weisheit erhoben wurde, nicht so sehr an einen kreativen Akt als vielmehr an eine inspirative Intuition denken läßt[21]. Wenn aber darin der Kreuzestod Jesu und alles, was in diesem zur letzten Entscheidung drängte, kompensiert wurde, wird das Kolosserwort begreiflich, wonach „alle Schätze der Weisheit und Erkenntnis" in ihm versammelt sind. Dann aber ist er nach christlichem Verständnis der gesamten Kultur und Geisteswelt als tragendes, formendes und erhellendes Prinzip eingestiftet.

119

DER SELBSTBEGRIFF

Mit dem Wort des erhöhten Christus, das zu Beginn der Apokalypse erklingt und von dem Oratorium Franz Schmidts vergegenwärtigt wird, erhebt der Erhöhte Anspruch auf die Welt und, wie sich zeigte, auf diese in allen ihren Aspekten. Gleichzeitig dringt er aber auch in die Herzen der Glaubenden ein, wie es der Anruf an die in den apokalyptischen Sendschreiben zuletzt angesprochene Gemeinde von Laodizea verdeutlicht:

> *Siehe, ich stehe vor der Tür und klopfe an. Wenn einer meine Stimme hört und die Tür öffnet, zu dem werde ich einkehren und mit ihm Mahl halten und er mit mir. (Apk 3,20)*[22]

Auch wenn sich die Verheißung auf das messianische Freudenmahl bezieht, gilt sie doch im Sinn der präsentischen Eschatologie schon hier und jetzt und heute jedem Einzelnen, so daß durchaus an die Freude der Einwohnung gedacht werden darf. Dann aber klingt im Wort des Erhöhten, der sich ausdrücklich den „Lebendigen" nennt, der den Tod überwand und als der nun ewig Lebende „die Schlüssel zu Tod und Unterwelt" besitzt (Apk 1,18), das Wort aus den Abschiedsreden an, in dem er dieses Leben den Seinen zuspricht:

> *Nur noch kurze Zeit, und die Welt sieht mich nicht mehr. Ihr aber seht mich; denn ich lebe, und auch ihr werdet leben. (Joh 14,19)*[23]

Zwar setzt das Wort mit dem Hinweis auf die „kurze Zeit" der Passion ein, die der empirischen Sichtbarkeit Jesu ein Ende setzte und ein „Sehen" nur noch in Form der Ostererscheinungen zuließ. Dann aber reißt das Motivwort „leben" den Gedanken in einer Weise an sich, daß sich sein Sinn erst von ihm her erschließt. Im Johannesevangelium, dem der Satz entstammt, untersteht Jesus so sehr dem Auftrag, das göttliche Leben zu vermitteln, daß er geradezu mit dieser Sendung verschmilzt und sich schließlich selbst „das Leben" nennt (11,25; 14,6). Denn dazu ist er gekommen, der Welt das Leben zu geben (6,33; 10,10)[24].

Um es zu empfangen, bedarf es nach dem Wort an Laodizea eines Aktes der „Öffnung" und der Selbsterschließung, der die Einwohnung als ausdrückliche Einwilligung des „Heimgesuchten" zur Voraussetzung hat[25]. Die aber kann nur in der „Selbstverleugnung" dessen bestehen, der seine Identität in fortwährenden Akten der Abgrenzung und Unterscheidung von anderen und anderem und oft genug auch kämpferischer Selbstbehauptung gefunden hatte. „Er muß wachsen, ich aber abnehmen" (Joh 3,30) lautet demgegenüber das auf dem Kreuzigungsbild des Isenheimer Altars aufscheinende Motto des der Einwohnung korrespondierenden und sie ermöglichenden Vorgangs[26]. Er erinnert nicht umsonst an die Mühe der Bewußtwerdung, nur daß das Zurückbeben jetzt nicht die Folge der ängstigenden Bedrohung durch das Nichts, sondern der Fühlung dessen ist, der vor der Tür des Selbstseins steht und Einlaß begehrt. Ihm in der Zurücknahme seiner selbst den ihm gebührenden Platz einzuräumen, ist der erste und entscheidende Schritt zur mystischen Selbstwerdung.

Auf ihn muß dann aber unverzüglich das kaum weniger wichtige Wort der Befestigung folgen, johanneisch ausgedrückt, des „Bleibens" in der Lebensgemeinschaft des „Rebstocks", dessen Selbstdarstellung die Reihe der das Johannesevangelium illuminierenden „Ich-bin"-Worte beschließt[27]. Denn gegen die sich aufbauende Position erhebt sich die Alltagswelt mit ihren Erosionen und Zwängen, die den von Christus Ergriffenen in die kaum überwundene Identifikationsform zurückzustoßen sucht.

Nicht umsonst mahnt der aus der mystischen Verbundenheit mit den „Zweigen" redende „Rebstock" mit großer Eindringlichkeit:

> *Bleibt in mir und ich bleibe in euch. Wie die Rebe von*
> *sich aus keine Frucht bringen kann, wenn sie nicht am*
> *Rebstock bleibt, so auch ihr, wenn ihr nicht in mir*
> *bleibt. Ich bin der Rebstock, ihr seid die Reben. Wer in*
> *mir bleibt, und in wem ich bleibe, der bringt reiche*
> *Frucht; denn ohne mich könnt ihr nichts tun. (Joh*
> *15,4f.)[28].*

DIE ZUSICHERUNG

Wenn sich diese Aufforderung im Anschluß daran mit
der Todesdrohung gegenüber dem verbindet, der die
Lebensverbindung mit dem Rebstock aufgibt, kommt
erst der Tiefensinn der Aussage zum Vorschein, der auf
die Zusicherung: „Ich lebe und auch ihr werdet leben"
(Joh 14,19) zurückweist. Denn jetzt wird deutlich, daß
sein Sprecher mit dieser Zusage der Todverfallenheit des
Angesprochenen zuvorkommt und ihm, ungeachtet seines unweigerlichen Sterbenmüssens, die aktuelle, ihm
jetzt schon geltende Todüberwindung zusichert. Sein
zurückgenommenes und in ihm immer wieder empor-
drängendes Ich stand stets im Schatten des ständig an
es ergehenden dunklen Bescheids seines Sterbenmüssens[29]. Diesem Bescheid tritt nun dessen tröstlicher
Widerruf entgegen: die Zusicherung der Lebensgemeinschaft mit dem, der sterbend dem Gesetz der universalen Todverfallenheit entrissen, in die unverlierbare Le-
benswirklichkeit Gottes aufgenommen und so zum
„Urheber des Lebens" (Apg 3,15) wurde. Im Bewußtsein
dieser sein ganzes Selbstverhältnis verwandelnden Ver-

bindung kann Paulus am Schluß seiner Ausführungen zur Frage nach dem Gang der Endzeit fragen:

> *Tod, wo ist dein Sieg? Wo ist, o Tod, dein Stachel?*
> *(1Kor 15,55)*[30]

Das kommt einer wenngleich nur partiellen Rehabilitierung derer gleich, die in der Gemeinde von Korinth zum Befremden des Apostels die Ansicht vertreten: „Eine Auferstehung der Toten gibt es nicht" (1Kor 15,12), sofern sie entgegen dem, was ihnen Paulus unterstellt, sich bereits im Stand der Auferstandenen fühlten. Wenn ihnen auch, wie Schmithals annimmt, gnostische Vorstellungen nahe gelegen haben dürften, ist doch auch der Gedanke nicht von der Hand zu weisen, daß es sich bei ihnen um Vorläufer der unter dem Namen „Isochristoi" bekannten palästinensischen Mönche handelte, die sich um volle Gleichgestaltung mit Christus bemühten und glaubten, „der Auferstehung und einer Himmelfahrt" schon bei Lebzeiten gewiß zu sein[31]. Auf ihren Grund zurückgenommen, ist dies die Gewißheit, jetzt schon durch die Lebensgemeinschaft mit dem Auferstandenen gleich ihm der Todesgewalt entrissen zu sein, und dies gestützt auf die Zusicherung: „Ich lebe, und auch ihr werdet leben", die nicht futurisch, sondern präsentisch gemeint ist und so auch verstanden und angenommen sein will.

Auf die noch offene Frage nach dem Zustandekommen dieser Gewißheit antwortet Paulus mit der Gegenfrage:

> *Was sollen wir dazu sagen? Wenn Gott für uns ist,*
> *wer ist dann noch gegen uns? Wenn er, der doch sei-*
> *nen eigenen Sohn nicht geschont, sondern ihn für uns*
> *alle hingegeben hat, wie sollte er uns nicht mit ihm*
> *alles schenken? (Röm 8,31f.)*[32]

Dieses Geschenk kennt keine Einschränkung. Es schließt auch das durch den Sohn an die Seinen weitergegebene Leben ein, das sich gegen alle Welt- und Todesgewalten behauptet und so auch das Selbstverständnis der Empfänger bestimmen muß. Doch der Sohn ist nicht nur Gabe, sondern auch Geber. Daher besiegelt er das, was uns in und mit ihm gegeben ist, durch die Zuwendung seiner Liebe, durch die er sich das, was in ihm gegeben ist, zu eigen macht und selber gibt. Im Hinblick darauf beantwortet Paulus die Frage nach dem Grund der Gewißheit mit dem geradezu enthusiastischen Satz:

> *In alledem tragen wir den Sieg davon durch den, der uns geliebt hat. Denn ich bin gewiß: Weder Tod noch Leben, weder Engel noch Mächte, weder Gegenwärtiges noch Künftiges, weder Gewalten der Höhe noch der Tiefe noch irgendeine andere Kreatur werden uns trennen können von der Liebe Gottes, die in Christus Jesus ist, unserm Herrn. (8,37ff.)*[33]

Auch diese Worte sind wie Klopfzeichen, die darauf dringen, daß ihnen geöffnet und dem, was sie besagen, Einlaß gewährt wird. Wenn das geschieht, gewinnt der mystische Selbstbegriff seine wirksamste Bestätigung. Denn in der Zusicherung klingt das präsentative „ich bin es" mit, mit dem sich der vor der Tür Stehende wie einst bei seinen österlichen Erscheinungen zu erkennen gibt und den Glaubenden in sein Selbstsein hineinnimmt. Um diesen Kristallisationskern baut sich dann dessen neues, der Todverfallenheit enthobenes Selbstbewußtsein auf.

Durchbruch zum Gott der Liebe

Im Buche Daniel gibt es ein „Vorspiel im Himmel", an dessen Dramatik selbst die titelgleiche Szene in Goethes ‚Faust' nicht heranreicht. Da erhält der von den Verkündigungsbildern her bekannte Erzengel Gabriel den Auftrag, dem Propheten die Ankunft des Messias anzusagen. Doch wird er dabei von zwei gegnerischen Engelmächten, den „Fürsten" des Griechen- und des Perserreiches aufgehalten. In diesem Augenblick mischt sich aber der Schutzgeist des Volkes Israel, der Erzengel Michael, ein. Er übernimmt den Kampf mit den beiden Gegnern, und Gabriel kann seinen Auftrag ausführen.

Die Deutung drängt sich geradezu auf, wenn man nur bedenkt, daß sich hinter dem Auftrag Gabriels, christlich gesehen, die Ankündigung der Menschwerdung Christi verbirgt. Ihr stehen, personifiziert in den gegnerischen Engelmächten, der griechische Idealismus, der aus der Vorstellungswelt der olympischen Götter hervorging, und der parsistische Dualismus entgegen. Erst wenn diese besiegt sind, ist der Weg für die christliche Heilsbotschaft frei.

DIE TENDENZKRÄFTE

So sehr die beiden Gegnerschaften bis heute nachwirken, sind inzwischen doch ganz andere Gegner auf den Plan getreten, die nicht nur die Botschaft, sondern die Existenz des Christentums in Frage stellen: ein geradezu „ozeanischer" Atheismus und ein fortschreitender Säkularismus. Während dieser wie ein unaufhaltsamer Erosionsprozeß eine christliche Position um die andere untergräbt, macht ihm jener seine Existenz und damit sein Fortleben streitig.

Anders als in der Szene des Buches Daniel ist es aber in diesem Fall mit bloßen Abwehrmaßnahmen nicht getan. Der Neuheit der Gegner kann vielmehr nur mit einer Neuentdeckung des Christentums begegnet werden. Sie könnte sogar mit einer Neueinschätzung der beiden Gegnerschaften einsetzen. Dann müßte dem Atheisten Nietzsche entgegengehalten werden: „Du bist frömmer als du glaubst, mit deinem Unglauben!" Dem Säkularismus aber müßte vor Augen geführt werden, daß er christliche Positionen und Ideen nicht nur ausgeräumt, sondern auch umgewidmet hat. So wurde, wie der unvergessene Philosoph Karl Löwith nachwies, aus der Hoffnung der Fortschritt, aus der Freiheit die Liberalität, aus der Barmherzigkeit die Solidarität und aus der Geduld die Toleranz. Das aber sind, wie man nur staunend feststellen kann, die Prinzipien jeder freiheitlich-demokratischen Lebensordnung, auf die kein vernünftiger Mensch jemals mehr verzichten möchte. Insofern hat der Atheismus zwar dem Glauben, nicht aber der Frömmigkeit geschadet, während der Säkularismus dem Christentum im selben Maß, wie er es aus der modernen Lebenswelt zu verdrängen suchte, zur weltweiten Verbreitung seiner- allerdings säkularistisch umgewidmeten - Prinzpien verhalf.

DIE NEUENTDECKUNG

Die Neuentdeckung des Christentums, mit der auf diese zweifache Herausforderung zu antworten ist, muß bei jener residuenhaften Frömmigkeit einsetzen, die den Ansturm des Atheismus überdauerte. Sie ist, wie Klaus-Peter Jörns in einer eindringlichen Recherche nachwies, völlig konturenlos, jedoch mit einer aufschlußreichen Erwartungshaltung gepaart, die sich insbesondere auf Trost, Frieden und Geborgenheit richtet. Wenn diese als Anfrage an das neu zu entdeckende Christentum verstanden werden darf, wird man zusehen müssen, ob und wie es darauf antwortet. Das Ergebnis ist verblüffend. Denn die Antwort kommt nicht, wie man annehmen möchte, von der Peripherie, sondern aus der Mitte des Christentums. Dorthin führt aber nur eine Würdigung der Lebensleistung Jesu, die sich am unmittelbarsten in der Frage nach der Ursache seines Todes erschließt.

Sie ist mit dem Hinweis auf seine Gesetzeskritik und seinen Tempelprotest nur unzulänglich beantwortet, so sehr er sich damit den Haß seiner auf einen konservativen Formalismus eingeschworenen Gegner zuzog. Was ihn wirklich ans Kreuz brachte, war vielmehr, mit Joseph Ratzinger gesprochen, die Liebesunfähigkeit der Menschen. Denn auf sein Programmwort: „Ich bin das Brot des Lebens", mit dem er zur Lebensgemeinschaft mit sich einlädt und sich als Lebensinhalt anbietet, reagieren seine Zuhörer so verständnislos wie empört mit der Bemerkung: „Diese Rede ist hart; wer kann sich so etwas anhören", auf die der Massenabfall folgt. Mit Abhilfe in ihrer sozialen Notlage oder mit der Anstachelung ihrer Kriegsbereitschaft gegen Rom hätte er zweifellos einen Anfangserfolg erzielt, nicht jedoch mit dem, was er im Sinn dieses unmißverständlichen Angebots tatsächlich geben wollte: sich selbst! Es war somit die sich in seinem Programmwort artikulierende Liebe „bis zum Äußersten", durch die er sich die empörte Ablehnung seiner Zeitgenossen und dadurch den Tod einhandelte. Doch gerade deswegen ist sein Tod wie kein anderer beredt. Wovon spricht er?

DIE LEBENSLEISTUNG

Er spricht von dem, was sich in jedem Sterben ereignet. Denn der Tod eines Menschen ist kein Vorgang zwischen dem Sterbenden und denen, die ihm dabei, sei es als Ärzte oder Anverwandte, beistehen, sondern ein Geschehen zwischen ihm und Gott. Da aber stellt sich heraus, was es mit seinem Leben „auf sich hatte". Sterbend zieht der Mensch die Summe aus seinem Leben; im Tod klärt sich der Sinn seines Daseins. Doch dies, um es nochmals zu betonen, nicht zwischen ihm und seinen Sterbebegleitern, sondern zwischen ihm und seinem Gott. Auf Jesu Tod bezogen, besagt das: am Kreuz zog er die Summe aus seinem Leben, am Kreuz klärte sich der Sinn seines Wollens, Handelns und Seins. Davon aber sagt die Apostelgeschichte: „Wohltaten spendend ging er durchs Leben"; und das besagt: sein Leben war ein fortgesetzter Dienst, ein beständiger Hilfs- und Liebeserweis. Das aber strahlte wie eine unsichtbare Sonne aus der Finsternis von Golgota hervor.

DIE INSPIRATION

Doch wie kam es zu dieser einzigartigen Lebensleistung, und wie wurde sie konkret erbracht? Auf die erste Teilfrage bezieht sich der Zuspruch der Himmelsstimme bei der Taufe: „Du bist mein geliebter Sohn", mit dem Gott die Frage nach seinem Lebenssinn auf unüberbietbare Weise beantwortet. Wenn Jesus davon spricht, daß er Feuer auf die Erde werfen wolle, um sie in Brand zu setzen, wurde dieses Feuer hier durch den himmlischen Zuspruch entfacht. Doch Jesus begreift seine Gottessohnschaft nicht als ein eifersüchtig zu hütendes Privileg, sondern als Aufgabe, sein Glück weltweit weiter zu geben. Deshalb sucht er nach einem Begriff, der diese Selbstmitteilung sagbar macht. Und er findet ihn in dem aus prophetischer Tradition übernommenen Begriff „Reich Gottes". Doch er füllt dieses Gefäß nicht nur mit dem neuen Inhalt seiner Gottessohnschaft; vielmehr schafft er auch eine eigene Sprache, um ihn dem weltverhafteten Denken seines Umfelds nahezubringen. Es ist die Sprache seiner Gleichnisse, die sich in ihrem Kern erst dann erschließt, wenn man mit dem Exegeten Eduard Schweizer Jesus selbst als „das Gleichnis Gottes" begreift. Was es mit dieser Sprache auf sich hat, ist der verwunderten Reaktion der Zuhörer zu entnehmen, die sich fragen: „Was ist das? Eine neue Lehre, und sie wird mit Vollmacht vorgetragen". Und Jesus stimmt ihnen zu: „Neuen Wein darf man nicht in alte Schläuche gießen; sonst zerreißt der Wein die Schläuche, und beides geht verloren. Nein, neuen Wein muß man in neue Schläuche gießen!"

DIE AKTION

Mit dem Staunen der Zuhörer ist nun auch schon die zweite Teilfrage beantwortet: Jesus entledigt sich seiner Lebensaufgabe zunächst schon in seiner Verkündigung. In ihrem Staunen klingt aber auch an, daß er sich nicht nur auf die Macht seiner Worte verließ, sondern sie, für seine Zeitgenossen höchst eindrucksvoll, durch seine Wunder bekräftigte. Was den Zeitgenossen einleuchtete, fällt dem heutigen Leser dieser Berichte um so schwerer. Deshalb muß der Zusammenhang von Wunder und Lehre stärker als bisher berücksichtigt werden. Wunder sind getätigte Worte, während diese danach streben, durch Machttaten verifiziert zu werden. Das spricht aus dem an die Gegner Jesu adressierten Wort, die ihm vorwerfen, bei seinen Wundertaten in Satans Bund zu stehen: „Wenn ich aber durch den Finger Gottes die Dämonen austreibe, ist das Reich Gottes schon zu euch gekommen". Wenn er den Blinden, Tauben und Gelähmten die heilende Hand auflegt, oder, wie im angesprochenen Fall, Geistesgestörte wieder zur Normalität zurückführt, muß jeder, der sehen kann, begreifen, daß Gott die Hand an die Wurzeln der Dinge gelegt hat, um diese tod- und leidverfallene Welt dem Ziel seines Reiches entgegenzuführen. Das letzte ist aber auch hier erst dann erfaßt, wenn man in Erinnerung an die Rede von Jesus als dem „Gleichnis Gottes" begreift, daß Jesus selbst als das große Gotteswunder zu gelten hat. In ihm selbst hat Gott die Hand an seine Welt gelegt, um sie - und uns mit ihr - dem Ziel der Gotteskindschaft entgegenzuführen; in ihm hat er den Schleier von seinem Antlitz weggenommen, um sich uns so zu zeigen, wie er ist; in ihm hat er diese Welt mit ihrem Elend und Jammer an sein Herz gezogen.

DIE REVOLUTION

Wenn Jesus, wie das christliche Bekenntnis sagt, der Sohn Gottes war und als solcher in einer einzigartigen Wissens- und Liebesfühlung mit seinem Gott stand, kann es in seinem Lebenswerk unmöglich darum gegangen sein, die Menschheit nur in dem zu bestätigen, was sie immer schon von Gott zu wissen glaubte und mit dem allen Religionen gemeinsamen ambivalenten Gottesbegriff zum Ausdruck brachte, also mit dem Bild eines Gottes, der ebenso zu lieben wie zu fürchten ist, weil er als ein gleicherweise liebender wie drohender und strafender gedacht werden muß. Dann muß er vielmehr der Menschheit das klar gemacht haben, was keiner, auch nicht der tiefsinnigste Denker und frömmste Mystiker, von Gott wissen konnte und doch im Zug der fortschreitenden Selbstoffenbarung Gottes ans Licht gehoben werden mußte; das, was nur dem mit den „Tiefen der Gottheit" Vertrauten zugänglich war.

Dieser Erwartung wird Jesus mit dem Herzstück seiner Lebensleistung gerecht. Denn darin erwies er sich als der größte Revolutionär der Religionsgeschichte, freilich im Sinn jener „sanften Revolution", von der erst der in seinem Tiefgang noch längst nicht begriffene freiheitliche Aufbruch von 1989 einen Begriff vermittelte. Seine Großtat bestand, einfach ausgedrückt, darin, daß er den aus Angst und Hoffnung gewobenen Schleier vom Bild Gottes entfernte und statt dessen das Antlitz des bedingungslos liebenden Vaters zum Vorschein brachte. Und dies mit einem einzigen, freilich einzigartig kühnen Wort: mit der ehrfürchtigen Zärtlichkeitsanrede „Abba-Vater", von der sein größter Interpret, der Apostel Paulus, sagt: „Ihr habt doch nicht den Geist der Knechtschaft empfangen, so daß ihr euch aufs neue fürchten müßtet, sondern den Geist der Kindschaft, in dem wir rufen: Abba-Vater!"

Mit diesem Wort durchstößt Jesus die Mauer der Unnahbarkeit Gottes, mit ihm überbrückt er den Abgrund der Gottesferne, mit ihm schafft er, paulinisch gesprochen, Zugang zum Herzen Gottes. Wenn es in Nietzsches ‚Zarathustra' einmal heißt: „Das Herz der Erde ist aus Gold", könnte man im Blick auf die Entdeckung Jesu sagen: Das Herz Gottes ist Liebe - und nichts außer dem.

Das ist aber kein Gott, der alles hinnimmt und auf sich beruhen läßt, sondern der Gott der denkbar größten Herausforderung, der vom Menschen das erwartet, was er ihm gibt: Liebe aus ganzem Herzen, ganzem Gemüt, ganzer Geistes- und Wesenskraft. Das ist für das im

Grunde liebesunfähige Menschenherz eine derartige Überforderung, daß ihr nur dadurch entsprochen und genügt werden kann, daß Gott, wie Augustin sagt, selbst es ist, der in den Liebenden sich liebt.

DIE BARRIEREN

Wenn irgendwo, ist hier die Mitte des Christentums, aus der es sein Licht, seine Kraft und seine Identität gewinnt. Ihr entspringt die Inspiration seiner Denker, die Motivation seiner Missionare, der Mut seiner Märtyrer, der Glaube seiner Bekenner und der Trost seiner Beter. Wenn es überleben, die ihm Entfremdeten zurückgewinnen und den Kampf mit den gegnerischen Tendenzkräften für sich entscheiden will, muß es sich auf diese Mitte zurückbeziehen und aus der dort fließenden Quelle schöpfen.

Doch um diesen Rückbezug ist es prekär bestellt, weil alle christlichen Konfessionen einem zwar begreiflichen, deshalb aber nicht minder tragischen und folgenschweren, deshalb aber nicht minder fragilen Selbstmißverständnis verfielen. In seltsamer Kopflastigkeit stellen sie ihre moralische Aufgabe derart in den Vordergrund, daß ihre mystische Mitte bis zur Unkenntlichkeit verdeckt wird. Dabei überhören sie die Warnung, die Karl Rahner in die Prognose kleidete: „Der Christ der Zukunft wird ein Mystiker sein, oder er wird überhaupt nicht sein". Ebenso überhören sie die Drohung, die Nietzsche mit der Ankündigung verband: Wie das Christentum in der Glaubensspaltung „als Dogma" untergegangen sei, so werde es in einem Schauspiel von hundert Akten „an seiner Moral" zugrunde gehen. Aus der Drohung des „Antichristen" und der Warnung des Theologen aber spricht, ebenso deutlich wie bestimmend, die These: das

Christentum ist keine moralische, sondern eine mystische Religion.

Zwar hat auch das Christentum eine Moral. Bekanntlich setzte Jesus alles daran, die Sittlichkeit der Menschen zu verinnerlichen und deutlich zu machen, daß das Böse nicht erst in der Tat, sondern bereits in der Gesinnung zu suchen ist; denn das Menschenherz ist für ihn der Herd aller Mißgunst, Feindschaft und Bosheit. Doch noch viel mehr liegt ihm daran, die Menschen auf den Königsweg der Immunisierung zu verweisen. Denn der Mensch kann zwar - mit zweifelhaftem Erfolg - durch Gebote und Verbote vom Bösen abgehalten werden; viel wirksamer aber wäre es, wenn er zum Bösen unfähig gemacht werden könnte. Eben dies aber strebt Jesus an, wenn er dem Menschenherzen das Prinzip Liebe und damit seinen Liebeswillen einstiftet. Denn dann gilt das Augustinuswort: Liebe, dann kannst du tun, was du willst - Du wirst nur noch das Gute wollen und tun können.

OPFER UND ANGST

Das Christentum hat also eine Moral; aber es ist, im Unterschied insbesondere zum Judentum, keine Moral. Denn es geht ihm nicht so sehr um die Disziplinierung als vielmehr um die Erhebung des Menschen. Da es jedoch nur im Bewußtsein seiner Identität zu seiner vollen Wirksamkeit gelangen kann, muß die moralische Kopflastigkeit zugunsten einer Konzentration auf seine mystische Mitte aufgehoben werden. Auf dem Weg dorthin müssen vor allem aber die Barrieren ausgeräumt werden, an denen sich gerade auch engagierte Christen stoßen, obwohl sie in diesen Vorstellungen erzogen und auf sie festgelegt worden sind. Die erste betrifft die Fra-

ge: „Warum mußte er sterben?", also die bereits angesprochene Frage nach der Todesursache Jesu. Darauf
lautet die fast zur religiösen Selbstverständlichkeit
gewordene Antwort: weil ihm Gott diesen Tod abverlangte als Sühnopfer für die Sündenschuld der Welt. So
fromm diese Antwort klingt, und so sehr sie nahezu das
ganze - aber eben nur nahezu das ganze - Neue Testament durchdringt, krankt sie an einem zweifachen Defizit. Denn wie konnte Gott und insbesondere der bedingungslos liebende Gott Jesu Christi von seinem vielge-
liebten Sohn dieses Opfer verlangen, welche Genugtu-
ung konnte er dabei empfinden, und was hatte das alles
mit der Sündenschuld der Welt zu tun? Und wurde hier
der als reiner Selbstzweck zu achtende Tod nicht einem,
wenn auch noch so hohen Zweck unterworfen? Zu diesen Fragen tritt verstärkend eine Beobachtung hinzu.
Denn in den wiederholten Todesankündigungen Jesu
findet sich nicht die geringste Spur von einer von ihm
zu erbringenden Sühneleistung. Wenn der Tod Jesu aber
zweckfrei und dann als Sinnerfüllung seines als ein einziger Liebes-Dienst zu würdigenden Lebens gesehen
wird, ging tatsächlich in der Nacht von Golgota die
unsichtbare, dafür aber um so mehr in die Herzen strah-
lende Sonne der Gottesliebe auf.
Noch schmerzlicher wirkt sich die zweite Barriere aus.
Denn das Selbstmißverständnis der Kirchen brachte es
dazu, daß sie ihrer Botschaft durch die Suggestion von
Sünden-, Teufels- und Höllenängsten Nachdruck zu verleihen suchten. Doch das im Auferstehungsglauben zen-
trierte Christentum ist nicht nur die einzige Religion, die
es mit dem Tod aufgenommen hat; es ist auch die einzige Religion der Angstüberwindung. Deshalb tritt der
Auferstandene mit dem programmatischen Anruf: „Keine Angst; ich bin es!" an die Jünger heran; deshalb
ermutigt Jesus den um das Leben seiner sterbenskran-

ken Tochter bangenden Vater mit dem Zuspruch: „Keine Angst, glaube nur!" und deshalb schließen die johanneischen Abschiedsreden mit der Ermutigung: „In der Welt habt ihr Angst; doch faßt Vertrauen: Ich habe die Welt überwunden".

WOHIN AUFERSTANDEN?

Doch damit ist der Weg frei geworden zur Mitte, von der sich zudem klärte, daß sie im Glauben an den Auferstandenen besteht. Um so dringlicher stellt sich dann aber die Frage nach seinem Verbleib, also die Frage: Auferstanden, aber wohin? Denn die traditionelle Frage nach seinem „Woher?" mit dem auf das leere Grab fixierten Blick ist falsch gestellt. In die richtige Blickrichtung verweist dagegen die an die Jünger ergehende Aufforderung: „Sucht den Lebenden nicht bei den Toten!" Doch wo lebt er? Die traditionelle Antwort lautet: zur Rechten des Vaters. Das aber ist der Ort in jener Mitte des Seins, die nach einer alten Formel „überall" ist. Und so bestätigt es Paulus mit den beiden Grundformeln seiner Christusmystik: wir „in Christus" und „Christus in uns". Nach der ersten umfängt Christus die Seinen als eine sie umgreifende, bewahrende und belebende Sphäre; nach der zweiten wohnt er in ihnen als ihrem Identitätsgrund und ihre wahre Ich-Mitte.
Wie hellsichtige Theologen schon vor Jahrzehnten betonten, ist es das Unglück der Christenheit, daß dieses Motiv fast ganz in Vergessenheit geriet, obwohl sein Entdecker Paulus dafür einsteht, daß er ihm die Inspiration und Kraft zu einer staunenswerten Lebensleistung zu verdanken hat. Als ihm die bisweilen etwas aufsässige Gemeinde von Korinth einen Beweis dafür abverlangt, daß Christus wirklich aus ihm rede, gibt er das Ansin-

nen mit der Aufforderung an sie zurück: „Prüft euch doch selbst, ob ihr im Glauben steht. Oder ersehet ihr an euch nicht, daß Christus in euch ist? Wenn nicht, hättet ihr die Probe nicht bestanden".

DER SCHULTERSCHLUSS

In dieser Aussage fällt das wichtige Stichwort „Glaube". Wer sich im Sinn der beschriebenen Entwicklungen vergegenwärtigt, in welch tiefgreifendem Wandel das Christentum begriffen ist, und bedenkt, daß es um seine Identitätsfindung, also um die Konzentration auf seine Mitte geht, wird sich unmittelbar an sich selbst verwiesen sehen. Denn auch der heutige Mensch ist, wie viele Symptome zeigen, von einer schweren Identitätskrise betroffen. Ihm liegt zwar noch viel an Prestige, Ansehen, Geld- und Lustgewinn, aber kaum noch an ihm selbst. In seiner Lebensangst, die nach einem Wort des Philosophen Karl Jaspers zu seinem „unheimlichen Begleiter" geworden ist, zeigt sich eklatant, daß er in einen Zustand der Exzentrizität und Selbstentfremdung geriet, der ihn nicht wirklich zu sich selbst kommen läßt. Alle pädagogischen, meditativen und therapeutischen Versuche, ihm dazu zu verhelfen, bringen es bestenfalls zu Teilerfolgen. Wohl aber entdeckt er, wenn er sich dem Christentum nicht ganz entfremdete, daß er mit diesem in einer frappierenden Schicksalsgemeinschaft steht. Beide leiden an einer Identitätskrise; und vieles spricht dafür, daß sie bei deren Bewältigung aneinander verwiesen sind. Denn der Mensch ragt mit seiner Sinnspitze ins Gottesgeheimnis hinein. So wichtig die innerweltlichen Bilder der Sinnfindung für ihn sind, denn Sinn findet er überall dort, wo er gebraucht, anerkannt, geachtet und geliebt wird, also in Arbeit, Beruf, Freundschaft und Lebensbeziehungen, so findet er den Sinn seines Daseins letztlich jedoch nur dort, wo er mit diesem eingeschrieben ist: am Herzen Gottes. Antwort gibt ihm Gott auf seine Sinnfrage darum nur in seiner offenbarenden Selbstmitteilung, also dort, wo ihm diese am reinsten entgegentritt: in der Botschaft, in der Lebensleistung und zumal im Antlitz Jesu Christi. Dadurch ist er, ungeachtet all dessen, was ihn am Erscheinungsbild der Kirchen stört, von innen her an das Christentum verwiesen.

Umgekehrt gilt das aber auch vom Verhältnis des Christentums zum Menschen. Ihm ist mit bloßen Mitläufern und Nachbetern in dieser Zeit der Krisen und Entscheidungen nicht geholfen. Was es benötigt, sind Menschen eines lebendigen, überzeugten, tatkräftigen, inspirierten und kreativen Glaubens. Deshalb ist eine gegenseitige Wahrnehmung angesagt: des Christentums im heutigen Menschen und dessen Selbstwahrnehmung in ihm. Sie müßte damit beginnen, daß sich beide in ihrer Leidensgemeinschaft entdecken, weil sie beide an einer Sinn- und Identitätskrise laborieren. Diese Leidensgemeinschaft müßte sich dann aber zu einer Schicksalsgemeinschaft fortentwickeln, da beide begreifen müßten, wie sehr sie sich bei der Bewältigung dieser Krise gegenseitig benötigen. Die Konsequenz aus dieser Einsicht aber könnte nur ein Schulterschluß sein. Denn es gibt keine modernere und aktuellere Botschaft als die christliche vom Gott der bedingungslosen Liebe, die dem Menschen alles gibt, aber auch alles von ihm erwartet. Und es gibt kein Wort, das gerade dem heutigen Menschen so sehr aus dem Herzen gesprochen ist wie dieses uralte und doch niemals alternde Wort, das dem Menschen die erfüllende Antwort auf seine Sinnfrage gibt, das Wort „Gott liebt dich", mit dem das Höchste von der Gottesbeziehung des Menschen ausgesagt ist, was jemals davon gesagt werden kann. Wenn es zu diesem Schulterschluß kommt, braucht man um den Einzug des Christentums ins kommende Jahrtausend nicht zu bangen; dann wird es vielmehr dessen entscheidende Gestaltkraft sein.

Eine Christus-Hermeneutik

Im Zug der schon fast überfälligen Revision der historisch-kritischen Methode setzte sich, wenngleich nur sporadisch, die Erkenntnis durch, daß sie bei aller Kritik, höchst unkritisch, den ihr vom Evangelium selbst gegebenen Fingerzeig übersah, der ihr zur Vermeidung ihrer selbstzerstörerischen Tendenzen verholfen hätte. Denn sie lief, wie das ironische Wort von dem auf einer Postkarte unterzubringenden Restbestand der von ihr als authentisch zugestandenen Jesusworte zeigt, Gefahr, das Fundament, auf dem sie aufbaute, durch ihre Verfahrensweise zu untergraben. Zwar behielt sie weithin mit dem recht, was sie gegen die naive Rezeption der biblischen Schriften vorbrachte. Weder waren diese, mit Ausnahme der originären Paulusbriefe und des lukanischen Doppelwerks, die Werke der mit den Verfassernamen bezeichneten Autoren, noch boten die Evangelien eine Biographie Jesu. Und die von ihm überlieferten Worte und Reden erwiesen sich weithin als Schöpfungen der nachgestaltenden Urgemeinde. Indessen nahm der damit verbundene Abbruch solche Ausmaße an, daß die Methode in den Anschein geriet, ein Instrument der von Nietzsche angekündigten „Selbstaufhebung" des Christentums, zumindest aber, paulinisch gesehen, ein Instrument des „toten Buchstabens" anstatt des lebendig machenden Geistes zu sein (2Kor 3,6).

Dieser Verdacht konnte sich vor allem auf ihre „Geburtsfehler" stützen. Denn sie verdankte ihre Entstehung letztlich dem Einbruch der offenbarungskritischen Aufklärung in Gestalt der Polemik, die Hermann Samuel Reimarus mit seiner von Lessing als ‚Wolfenbüttler Fragmente' veröffentlichten Streitschrift ‚Vom Zwecke Jesu und seiner Jünger' gegen das orthodoxe Christentum entfesselte. Unter einem bedenklichen Vorzeichen stand auch ihr Einzug in die etablierte Theologie. Denn sie verfuhr dabei wie die Sibylle, die den römischen Senat nur dadurch zum Ankauf ihrer Bücher bewegen konnte, daß sie deren Bestand zweimal um je ein Drittel verringerte. Erst in ihrer Radikalform gelang ihr die allgemeine, zuletzt auch die katholische Theologie erfassende Akzeptanz. Mit ihr hielt jedoch ein Gast Einzug, der nicht nur den Hausfrieden störte, sondern das Haus des Glaubens ins Wanken brachte. Was war bei alledem übersehen worden?

DER FINGERZEIG

Der übersehene Fingerzeig betrifft den tatsächlichen Sinn und Stellenwert des vielfach umrätselten Eingangssatzes der Johannesevangeliums, der immer schon zu ganz unterschiedlichen Herleitungen und Deutungen Anlaß gab und von dem – bereits in den Machtbereich Mephistos geratenen – Faust geradezu als anstößig empfunden wurde. Zwar liest er korrekt: „Im Anfang war das Wort" (Joh 1,1). Dann aber drängt ihn die vermeintliche Inhaltsleere des „so hoch nicht zu schätzenden" Wortes zu anderen, ihm bei näherem Zusehen vom Zeitgeist eingegebenen Übersetzungsversuchen[1]. Indirekt zeigte sich aber auch die Forschung von der vermeintlichen Inhaltsleere irritiert, nur daß sie darauf, anders als Faust, mit der Suche nach der Herkunft der rätselhaften Medialbestimmung – „Wort" – reagierte. Inzwischen kam jedoch der kanadische Medientheoretiker McLuhan dieser Suche zuvor, indem er betonte, daß es in einer auf Zersplitterung ausgehenden Kultur schokkierend wirken muß, wenn man sie daran erinnert,

daß in seiner Funktion und praktischen Anwendung das Medium die Botschaft ist[2].

Mit diesem Schlüsselsatz widerspricht McLuhan dem Anschein der Inhaltsleere. Wenn das Medium die Botschaft nicht nur vermittelt, sondern ausmacht und ist, ist vielmehr mit ihm schon alles, was zu sagen ist, mitgeteilt und gesagt. Wie eine umfassende Bestätigung dessen wirkt die Serie der das ganze Johannesevangelium durchziehenden Ich-bin-Worte, in denen sich der Offenbarer selbst auslegt, indem es alle möglichen Bedeutungen – Brot, Licht, Weg, Wahrheit, Leben – an sich reißt und sich als deren personalen Inbegriff zu verstehen gibt. Dem aber ging, ideengeschichtlich gesehen, ein Prozeß voraus, aufgrund dessen der Auferstandene zuerst als Gottessohn (Röm 1,2f.) und dann (nach 1Kor 1,30) als die Person gewordene Weisheit begriffen wurde. Die Weisheit aber ist schon nach ihrem alttestamentlichen Verständnis „des Gotteswirkens makelloser Spiegel" (Wsh 7,25) und deshalb von ihrem Ursprung her Medium, so daß sich von daher die Medialbestimmung „Wort" im Johannesprolog erklärt. Denn auch sie lädt nach ihrer Schilderung im Spruchbuch zu sich selber ein (Spr 8,1-22) und gibt bei dem von ihr aufgetischten Mahl sich selbst zur Speise (Spr 9,1-9).

DAS SELEKTIONSPRINZIP

Mit der Übertragung der Weisheit auf den Erhöhten ist auch schon das Gestaltungsprinzip gefunden, nach welchem die Lebensgeschichte Jesu dargestellt werden konnte. Im äthiopischen Henochbuch heißt es von ihr:

Die Weisheit fand keinen Platz, wo sie wohnen konnte, wohl aber hatte sie eine Wohnung im Himmel. Da ging sie aus, um unter den Menschenkindern zu weilen; doch fand sie keine Wohnung bei ihnen. Deshalb kehrte sie an ihren Ort zurück und nahm ihren Sitz unter den Engeln ein[3].

Wie sehr sich gerade das Johannesevangelium an diesem Aufriß orientiert, zeigt schon der Prolog, wenn er das Wort das „Licht" nennt, das in der sich ihm verschließenden Finsternis leuchtet und damit das Modell der Weisheit auf das Schicksal Jesu überträgt. Mit diesem Gestaltungsprinzip war aber zugleich ein Auswahlprinzip gegeben. Nicht weniger als zweimal versichert das Johannesevangelium, daß es von dem „vielen anderen, was Jesus getan" und, wie zu ergänzen ist, gesagt hat, nur eine wohlbedachte Auswahl getroffen habe. Zweimal vermerkt es auch den leitenden Gesichtspunkt, nach dem es dabei verfuhr; denn das von Jesus Berichtete sei aufgeschrieben worden, so das ursprüngliche Schlußwort, „damit ihr glaubt, daß Jesus der Christus, der Sohn Gottes ist, und damit ihr im Glauben an ihn das Leben habt in seinem Namen" (Joh 20,31). Mit unvergleichlich größerem Nachdruck war das aber bereits bei dem Bericht von Jesu Tod geschehen, wenn sich dort unversehens der Zeuge des Evangeliums zu Wort meldet, um unter Berufung auf einen Bürgen höchster Autorität zu versichern, „daß er die Wahrheit sagt, damit auch ihr glaubt" (Joh 19,35)[4].

Selektiv verfuhren aber auch die Synoptiker, allen voran Markus, sofern er in seinem Evangelium vor allem die „geheimen Epiphanien" im Leben Jesu aufscheinen läßt (Dibelius), ebenso aber auch Lukas, dem es nach Ausweis seines Prologs darum ging, die von ihm recherchierten Materialien in geordneter Reihenfolge (taxis) darzustellen (Lk 1,4)[5]. Als übergeordnetes Gestaltungsprinzip wurde dabei zweifellos das Ereignis wirksam, das den entscheidenden Anstoß zur Wirkungsgeschichte Jesu und damit auch zur Abfassung der Evangelien-

schriften gab: seine Auferstehung. Denn in dem Fall, daß
der Kreuzestod das letzte Wort in seiner Lebensgeschichte behalten hätte, hätte selbst im Umkreis dieses
scheinbar Gescheiterten und überdies von Gott Verwor-
fenen keinerlei Anreiz bestanden, dessen Lehren und
Taten nachzugehen und sie schließlich sogar schriftlich
zu dokumentieren. Einzig zulänglicher Grund für die
Entstehung dieser Dokumentation ist somit die Auferstehung Jesu, so daß James M. Robinson recht behält,
wenn er schon die von ihm als „Spruchevangelium"
bezeichnete Logienquelle ungeachtet der Tatsache, daß
sie weder einen Passionsbericht noch eine Osterge-
schichte enthält, als das „literarische Osterwunder"
bezeichnet[6].

Wenn es sich aber so verhält, standen die Evangelien
schon von ihrer Entstehung her unter einem österlichen
Aspekt. Was sie von Jesus berichteten, war auf den Auferstandenen hin – und gleichzeitig von ihm her –
erzählt[7]. Bei ihrer Abfassung kamen daher gleicherweise
„Erkenntnis und Interesse" (Habermas) ins Spiel. Davon
war somit auch die von Lukas hervorgehobene for-
schende Bemühung bestimmt, so daß sie keineswegs
wertneutral verfuhr. Doch steht gerade Lukas dafür ein,
daß er nicht etwa tendenziös, sondern wahrheitsgemäß
berichtet. Dennoch ist damit zugestanden, daß die Evangelisten aus der Fülle des ihnen zugänglichen Materials
das auswählten, was ihrem Interesse entgegenkam, und
Gegenstrebiges, was vermutlich ebenfalls vorlag, entweder ausklammerten oder in verknappter Form wiederga-
ben. Daß sie dennoch keinen „geschönten" Bericht
erstatteten, ergab sich zwingend aus der für sie lebens-
und denkentscheidenden Tatsache, daß der Auferstehung das ungeheuerliche Faktum des Kreuzestodes Jesu
voranging, der als Inbegriff einer „skandalösen Torheit"
(1Kor 1,22) verhinderte, daß Jesus, wie gelegentlich

angenommen wird, im Sinn der als „göttliche Männer" bezeichneten halbmythischen Heroen stilisiert wurde, weil die Passion dazu nötigte, in sein Bild auch Züge der Niedrigkeit und Angefochtenheit einzutragen. Das bestimmte die Erzählweise der Evangelien in so hohem Maß, daß Martin Kähler sie geradezu als „Passionsgeschichten mit ausführlicher Einleitung" bestimmen konnte[8].

DIE IMPRÄGNIERUNG

Das hatte aber auch eine höchst bedeutsame Kehrseite, die sich daraus ergab, daß die auf die Auferstehung hin ausgerichtete Lebensgeschichte Jesu zugleich von dorther imprägniert war. Und das nicht nur aufgrund der Glaubensüberzeugung ihrer Verfasser, sondern schon unabhängig davon aufgrund der Eigengesetzlichkeit des Ereignisses. Denn diesem eignete ein sinnhafter Überhang, der keine wertneutrale Darstellung zuließ, sondern sich über die Verfasserintention hinweg durchsetzte und die Berichte prägte. Deshalb wiederholt sich in den dafür paradigmatischen Ostergeschichten das, was Karl Rahner zum Gottesverhältnis der neutestamentlichen Autoren bemerkte: obwohl es ihnen doch um Glaubenserweckung zu tun ist, kennen sie kein Bedürfnis, nach Gott fragen oder seine Existenz beweisen zu müssen. Vielmehr steht für sie – zweifellos aufgrund der von Jesus immer noch nachwirkenden „Suggestion" – die Gotteswirklichkeit als die „eines Beweises und einer Erklärung nicht bedürfende Tatsache" fest[9]. In gesteigerter Form wiederholt sich das in den Ostergeschichten, sofern sich ihre Wahrheit – entgegen der allgemein akzeptierten Verifikationsregel – allein auf die unwiederholbare Wahrnehmung eines eng begrenzten Zeugenkreises stützt[10]. Wenn dafür eine Erklärung gefunden werden kann, dann sicher nur im Blick auf die „Selbstevidenz" der Osterbotschaft, in welcher der Auferstandene – gleich dem johanneischen Bürgen (Joh 19,35) – selbst für die Wahrheit des von ihm Berichteten einsteht. So kann man freilich nur unter der Voraussetzung argumentieren, daß dem Schriftwort im Sinn der hermeneutischen Annahme der Vorzeit nicht nur der von der historischen Kritik allein berücksichtigte Literalsinn, sondern ebenso ein „geistiger" Schriftsinn abgewonnen werden kann[11]. Wenn dieser auch von der Intention der jeweiligen Verfasser unberücksichtigt ist, so doch nicht von ihrer Betroffenheit durch das Ereignis, in dessen Raum und Schwerefeld sie berichten. Wie sich diese Erfahrung konkret ausnimmt, ist freilich nur von einem von ihnen bekannt: von Paulus, der sich seinem Osterzeugnis zufolge dreifach betroffen fühlte: akustisch (Gal 1,16), optisch (2Kor 4,6) und haptisch (Phil 3,12), sofern er sich also vernehmend, schauend und fühlend an den Auferstandenen verwiesen sah. Wenn das als prototypisch für die übrigen Autoren gelten kann, wird die Imprägnierung ihrer Texte durch das Osterereignis in deren subverbalen Schichten zu suchen sein, also dort, wo sie von ihrer Betroffenheit etwas verlauten, sehen und fühlen lassen, weil auch sie sich vom Auferstandenen angesprochen, erblickt und ergriffen wußten.

Ziel der Erkundung sind somit die Ober- und Tiefentöne der Texte und damit jenes Bedeutungsfeld, dem immer schon das Interesse jener Bibelleser galt, die entweder wie Kierkegaard aufgrund ihrer lebensgeschichtlichen Extremsituation oder wie Buber aufgrund ihrer Herkunft in einem exzeptionellen Verhältnis zum Schriftwort standen. Hellhörig geworden durch die Pseudonymität seines Lebensstils vernahm Kierkegaard selbst in den freudigsten Herrenworten den das ganze

Evangelium durchdringenden Leidenston, während er gleichzeitig aufgrund seiner nicht weniger ausgeprägten Hellsichtigkeit das aus den Texten hervorblickende Auge wahrzunehmen glaubte[12]. Demgegenüber wußte sich Buber aufgrund seiner Vertrautheit mit den Antrieben und Regungen des „Judenwesens" von innen her an Jesus verwiesen und dies auf eine Weise, die „den ihm untergebenen Völkern unzugänglich bleibe"[13]. Das Stichwort heißt in seinem Fall „von innen her", also aufgrund der Verwurzelung Jesu in der jüdischen Erlebnis- und Denkwelt. Daraus dürfte es sich erklären, daß Buber vor allem auf die Fragesituationen in der Lebensgeschichte Jesu abhebt, aber auch auf die Rolle des Schweigens und der Verborgenheit in dieser Geschichte, die Jesus in die Nähe des namenlosen Jesaja-Schülers rückt, der sich wie ein unverwendet im Köcher Gottes steckengelassener Pfeil vorkommt[14]. Durch das eine wie das andere gewinnt Jesus für Buber eine geradezu bestürzende Aktualität: durch den dialogischen Grundzug ebenso wie durch seine Affinität zu einer Weltstunde, dir für ihn durch die über sie hereingebrochene „Gottesfinsternis" bestimmt ist[15].

Daß der dezidierte Nicht-Christ Buber für die spezifisch österliche Prägung des Evangeliums in Anspruch genommen werden kann, ist dadurch gerechtfertigt, daß er im Unterschied zu nahezu sämtlichen christlichen Interpreten auf die Möglichkeitsbedingungen der Ostererscheinungen eingeht. Denn nach seiner Deutung der für ihn in ihrem Kern historischen Verhörszene antwortet Jesus in einer Weise auf die Frage des Hohepriesters nach seiner Identität, daß er dadurch zugleich die Blickbahn aufstößt, in welche die Zeugen seiner österlichen Erscheinung eintreten, so daß sich ihre Schau letztlich als der Reflex eines vorgängigen Gesehenseins erklärt[16]. Insofern berührt er sich an dieser Stelle, ebenso wie schon bei seiner Deutung des Jüngergesprächs, erneut mit Kierkegaard, nur daß sich dieser nicht auf den schauenden Jesus, wohl aber auf das aus dem Evangelium aufschauende Auge bezog[17].

DAS INTERPRETAMENT

Wenn der Eingangssatz des Johannesprologs aber im Sinn der McLuhanschen Gleichsetzung von Medium und Botschaft besagt, daß der mit dem uranfänglichen „Wort" Gemeinte als der Mittler „zwischen Gott und den Menschen" (1Tim 2,5) selbst die von Gott an die Welt ergangene Botschaft ist und wenn er als solche die österliche Wende verkörpert, durch die der Botschafter ebenso zur Botschaft wie der Lehrer zur Lehre wurde, ist es mit den bisher gezogenen Folgerungen nicht getan[18]. Dann wirkt das Osterereignis nicht nur imprägnierend auf das Evangelium ein; vielmehr tritt der zur Botschaft gewordene – und als Botschaft Begriffene – dann auch als das entscheidende Interpretament zu der Dokumentation seiner Lebensgeschichte, Verkündigung und Lehre hinzu. Dann ist diese erst richtig verstanden, wenn er nach Art eines Schlüssels zu ihr hinzugedacht wird.

Für die Ergiebigkeit dieses Ansatzes spricht schon der Umstand, daß sich die Differenz zwischen den Synoptikern und dem Johannesevangelium zumindest partiell aus der Verdichtung der Interpretierung zum Interpretament erklärt. Eindrucksvoll zeigt dies ein Vergleich der Wunder in den beiden Darstellungsweisen. Während die Brotvermehrung bei den Synoptikern im Blick auf die urchristlichen Gedächtnismähler und damit auf die Feier der Auferstehung Jesu erzählt wird (Mk 6,34-44), faßt der johanneische Jesus den Sinn dieser Zeichenhandlung in den Satz zusammen: „Ich bin das Brot des Lebens" (Joh 6,35.48). Und wie der Wundertäter bei Lukas in unverkennbarem Vorgriff auf seine todüberwindende Macht als Auferstandener zu neuem Leben erweckt, versichert er im Johannesevangelium – und hier in deutlicher Vorwegnahme seiner eigenen Erweckung – : „Ich bin die Auferstehung und das Leben" (Joh 11,25)[19]. Wie in der Brotrede nimmt er in seiner Ich-bin-Aussage das Wundergeschehen in einer Weise auf sich selbst zurück, daß er als dessen leibhaftige Deutung, ja geradezu als der Inbegriff des von ihm Bewirkten erscheint. Damit verdichtet sich der Eindruck, daß das Johannesevangelium die Lebensgeschichte Jesu in einer Weise erzählt, daß der Dargestellte zugleich sein eigenes Interpretament ist, wie es der von ihm im Eingangssatz betonten Identität von Wort und Botschaft entspricht.

DIE CHRISTOMATHIE

Die Bedeutung des Ansatzes besteht aber nicht nur in dem sich dadurch ergebenden Durchblick, sondern auch nicht weniger auch in dem Einblick, den er in die johanneische Denkweise gewährt. Das erste führt, streng genommen, zu der Einsicht, daß der johanneische Jesus seine Lebensgeschichte, vermittelt durch den Verfasser, selbst erzählt. Was diesen und den hinter ihm zu vermutenden „johanneischen Kreis" (Cullmann) betrifft, so handelt es sich dabei offensichtlich um ein Gremium, das nach Art urchristlicher Charismatiker von der Überzeugung getragen war, vom Erhöhten zur Vermittlung dessen beauftragt zu sein, was er, der als Lebender „noch vieles zu sagen" gehabt hätte (Joh 16,12), jetzt durch den Mund der von seinem Geist Erfüllten verkündet[20].

Wenn das zutrifft, ist anzunehmen, daß sich im Kontext des Evangeliums eine Spur dieser „Bewußtseinsüberlagerung" findet. Wenn irgendwo, ist das dort der Fall, wo der sich – im übertragenen Sinn – als „Augenzeuge" verstehende Autor aus der zuvor durchgängig eingehaltenen Erzählebene hervortritt, um unter Berufung auf einen Bürgen höchster Autorität für die Wahrheit seines „Zeugnisses", wonach der durchbohrten Seite des Gekreuzigten „Blut und Wasser" entströmten (Joh 19,34), einsteht:

> *Der dies gesehen hat (heorakos), bezeugt es, und sein Zeugnis ist wahr, und jener (ekeinos) weiß, daß er die Wahrheit sagt, damit auch ihr glaubt. (Joh 19,35)[21]*

Da der Zeuge – entgegen den zahlreichen Fehlübersetzungen der Stelle – die Wahrheit seines Berichts nicht selbst bezeugen kann, bleibt nur die Annahme, daß mit dem Bürgen (ekeinos), auf den er sich beruft, wie Bultmann richtig erkannte, „Jesus selbst" - und er, wie zu ergänzen ist – als der sich in ihm Bezeugende gemeint ist[22]. Wenn Blumenberg dem mit der Begründung widerspricht, daß ein Toter unmöglich „für den Zeugen seines Todes eintreten" könne, so gesteht er damit nur sein Unvermögen ein, die johanneische Denkweise wirklich nachzuvollziehen[23].

Tatsächlich gibt die Stelle wie kaum eine andere, wenngleich in denkbar knappster Form, über diese Aufschluß; denn hier exponiert sich der Erzähler auch in dem Sinn, daß hinter ihm die letzte Instanz erscheint, die für die Wahrheit seiner Berichterstattung bürgen kann. Wenn das nicht nur als eine formelle Beglaubigung, sondern so, wie es sich von der Stelle her nahelegt, als innere Zusage verstanden wird, wird hier im Kern der johanneischen Denkform ein Synergismus von Autor und Bürge ersichtlich, der diesen als Hauptautor des von jenem vorgelegten Werkes erscheinen läßt. Das aber ist um eine ganze Ordnung mehr als das, was mit der Deutung Christi als Interpretament des Evangeliums zum Ausdruck gebracht wurde. Auf der Suche nach einer angemessenen Bestimmung wird man bei Ignatius von Antiochien fündig, der, vermutlich in Anspielung auf den Vorwurf des Epheserbriefs: „so habt ihr Christus nicht kennengelernt" (Eph 4,20) die Adressaten seines Briefes an die Philipper ermahnt,

> nichts aus Streitsucht zu tun, sondern euch von der Christuslehre leiten zu lassen. (8,1f.)[24]

Der Ausdruck hält zwischen Lehrer und Lehre eine oszillierende Mitte. Zwar verlagert sich das Gewicht in der Folge zusehends auf die Lehre, verstanden als der Inbegriff dessen, was von Christus gewußt und gesagt werden konnte. Doch blieb die mystische Komponente unvergessen, nachdem sie von Augustin mit dem Theorem vom „inwendigen Lehrer" auf den Begriff gebracht worden war[25].

Wenn mit der Ignatiusstelle jedoch eine Denkweise angesprochen ist, in der Christus nicht nur Grund und Anlaß der sich um ihn aufbauenden Lehre, sondern deren lebendiger Inbegriff und Initiator ist, geht es dabei um eine Überholung der Christologie in eine Wissensform, die nicht besser als mit dem Begriff „Christomathie" gekennzeichnet werden kann. Das aber ist von der Definition her eine Wissensform, die nicht so sehr in einem Nachdenken über die Wahrheit Christi als vielmehr in einem Denken mit und in ihm besteht. Zwar ist die Offenbarung, die in und mit ihm an die Welt erging, ein für allemal abgeschlossen. Doch so sehr dies zutrifft, gilt doch ebenso die von Kierkegaard zu Beginn seiner ‚Einübung im Christentum' herausgestellte Tatsache, daß „seine Gegenwart hier auf Erden niemals zu etwas Vergangenem" werden kann, weil er im Unterschied zu allen übrigen Wohltätern der Menschheit nicht nur fortwirkt, sondern in den Seinen fortlebt[26].

Diesem Perspektivenwechsel entspricht ein gleichsinniger Umbruch im Bewußtsein der Glaubenden. Es ist ein Kampf mit dem Engel, der zwar zur Niederlage des Menschen führt, ihm aber den Segen des Siegers einträgt. Denn mit dem Fortleben Christi ist, so sehr seine Einwohnung als reine, ungeschuldete Gewährung zu gelten hat, ein intellektuelles Drama verbunden. Geht es doch darum, daß die Bastion der Subjektivität des Rezitierten zugunsten der Entgegenkunft des Einwohnenden aufgebrochen und seinem Über-Ich Raum geschaffen wird. Das kann nur auf dem Weg einer schrittweisen Zurücknahme der subjektiven Position und einer behutsamen Öffnung für den geschehen, der seine Identität auf dem – durchschnittlichen diametral entgegengesetzten – Weg der Übereignung und Hingabe gewinnt. Was als Kampf begann, wandelt sich so zum Dialog der gegensinnigen Lebensformen, der sich schließlich in deren wunderbarem „Tausch" erfüllt[27].

Wie sich dieser konkret vollzieht, deutet Jesus schon in der Spruchquelle an, wenn er die Seinen zum „Sorgentausch" einlädt und auffordert, vom sorgenden Nachsinnen über die Bewältigung der Alltagssorgen abzulassen und statt dessen seine Sorgen um die Heraufkunft und Verwirklichung des Gottesreichs zu übernehmen[28]. Und er bekräftigt den damit in Gang gesetzten Tausch, indem er den vor Gericht gestellten Jüngern zusichert:

> *Macht euch keine Sorgen, wie ihr euch verteidigen und was ihr dann sagen sollt. Denn der heilige Geist wird euch in jener Stunde eingeben, was ihr zu sagen habt. (Lk 12,11f.)*

Von dieser Grenzsituation kann durchaus auf den „Normalfall" zurückgeschlossen werden. Dann geht es bei dem mystischen Tausch um Erfahrungen der Insinuation und des Bewogenseins, denen mit Akten des An-Denkens und An-Sinnens, vor allem aber des Loslassens entsprochen werden muß, wenn es zum vollen Einvernehmen kommen soll[29]. Auf dieser Grundlage baut die von Hugo Rahner in Erinnerung gerufene Lehre von der „Gottesgeburt" auf, die Gregor von Nyssa zu der Vorstellung entfaltete:

> *Das in uns geborene Kind ist Jesus, der in denen, die ihn aufnehmen, auf unterschiedliche Weise an Weisheit, Alter und Gnade heranwächst. Denn er ist nicht in jedem der Gleiche; vielmehr ist er je nach dem Gnadenmaß und der Aufnahmefähigkeit dessen, der ihn aufnimmt, einmal Kind, dann Heranwachsender, und schließlich Vollendeter[30].*

In vergleichbarem Sinn hatte Augustin vom Wirken des „inwendigen Lehrers" gesprochen[31]. Das kommt einer Einweisung in das Kernstück der Christus-Hermeneutik gleich. Wenn das Fleisch gewordene Wort (Joh 1,14) als das vollgültige Medium der Gottesoffenbarung selbst die Botschaft ist, kann es in diesem Zentrum nur darum gehen, die mit der Person gegebene Botschaft zum Reden zu bringen und hörbar zu machen: hörbar als das Lallen des Kindes, als das Fragen des Heranwachsenden, als das weltbewegende Wort des Künders, als den Widerspruch des Kämpfers, als die Klage des Leidenden und als den Notschrei des Sterbenden. Dabei kehren sich die hermeneutischen Verhältnisse um. Kommt es im Regelfall darauf an, sich das Gesagte und Vernommene im Interesse der Verständigung „gesagt sein zu lassen", so muß dieses „Gesagt sein lassen" nun am Anfang des Vorgangs stehen, der mit dem Hinhören auf die vielstimmige Selbstverlautung des Offenbarers in

Gang kommt. Denn es geht dabei nicht so sehr darum, sich über ihn Gedanken zu machen, als vielmehr darum, daß er in der verstehenden Begegnung mit ihm, bei aller auslegenden Einfühlung, der sich selbst Aussagende und Mitteilende bleibt. Den Anfang aber wird bei alledem – wie bei der philosophischen Erkenntnis – die staunende Bewunderung dessen machen, der ebenso das Gleichnis wie das Wunder Gottes und in beidem sein wesensgleiches Wort ist.

DAS KORREKTIV

Was dem entgegensteht, ist die sich wie eine Mauer auftürmende Hemmung der heutigen Christenheit, mit der Gottesverkündigung Jesu gleichzuziehen und den bestürzenden Rückstand, in dem sie sich noch immer befindet, zu überwinden. Während sich die Theologie von der „Dunkelseite" Gottes angezogen fühlt, mehren sich die Stimmen, die für eine Betonung der Drohworte des Evangeliums eintreten. Dabei zeigt sich eine zunehmende Entfremdung vom Glaubenssinn des Kirchenvolks, der sich wie nie zuvor auf den von Jesus entdeckten Gott der bedingungslosen Liebe und auf diese als Lebens- und Sterbehilfe richtet.

Wenn es bei dieser verhängnisvollen Diastase nicht bleiben soll, muß das von Jesus gebildete Interpretament auf die Schriftstellen angesetzt werden, die vom Zorn und Gericht Gottes und, bedrohlicher noch, von seiner Macht, „in die Hölle zu stürzen", und von dem dort herrschenden „Heulen und Zähneknirschen" sprechen. Dabei verliert diese oft angeführte Redewendung dadurch entscheidend an Gewicht, daß sie von Matthäus floskelhaft (so Mt 8,12; 22,13; 42,21; 25,30) verwendet wird und schon deshalb als Beweis für die Existenz einer Hölle entfällt. Gleiches gilt von dem dem Schluß des Jesajabuchs (Jes 66,24) entnommenen Drohwort von dem unsterblichen Wurm und dem unauslöschlichen Feuer, das die Vorstellung von einer endzeitlichen Gottesschlacht voraussetzt und schon deshalb ohne Beweiskraft ist, weil diese vom Christentum nicht übernommen wurde. Was die Gerichtsworte gegen Chorazin und Bethsaida (Mt 11,20-24) anlangt, so sind sie angesichts der Tatsache, daß von keiner dortigen Tätigkeit Jesu berichtet wird, der nachösterlichen Gemeinde zuzuweisen. Allenfalls könnte man den Kapharnaum angedrohten Höllensturz auf den Massenabfall in der dortigen Synagoge beziehen (Joh 6,66); doch stößt sich die johanneische Darstellung mit der der Synoptiker, die das mit dieser Szene identische Jüngergespräch (Buber) nach Cäsarea Philippi verlegen (Mt 16,13-20) und darin glaubhafter berichten[32]. Als einzige Stellen, an denen Jesus tatsächlich mit der Hölle zu drohen scheint, bleiben dann seine Warnungen vor Verführern und vor dem Abfall in der Stunde der Gefahr. Doch die Warnung vor dem, „der Leib und Seele in die Hölle stürzen kann" (Lk 12,4f.), ist nach heutigem Forschungsstand das Wort eines urchristlichen Propheten, der im Rückgriff auf das vorjesuanische Gottesbild zur Standhaftigkeit angesichts der sich verschärfenden Verfolgung zu bewegen sucht (Schmithals); Ähnliches gilt aber auch von der Warnung vor Verführern aus den eigenen Reihen (Mt 5,29f.), die gleichfalls nachösterliche Verhältnisse voraussetzt (Schenke)[33]. Was schließlich den „Zorn Gottes" anlangt, der nach einem Pauluswort „vom Himmel her über alle Gottlosigkeit und Ungerechtigkeit der Menschen" entbrennt (Röm 1,18), so gehört er nach Jacob Taubes in die vorchristliche Vorstellungswelt des Apostels, auf die dieser in seiner Missionspredigt bisweilen ebenso zurückgreift wie auf Motive der antiochenischen Gemeindetheologie, und dies um so mehr, als er für die ihm angelegene Weisheitslehre noch nicht einmal bei der ihm nahestehenden Gemeinde von Korinth Verständnis findet (1Kor 3,1ff.)[34].

Mit dem Hinweis auf die esoterische Lehre des Apostels stellt sich die Frage, ob sich die Korrektivfunktion des christologischen Interpretaments nur auf die gegensinnigen Aussagen des Evangeliums und nicht auch auf die ihm konformen bezieht, zumal bei diesen das eingangs erwähnte Verfahren der Evangelisten zu berücksichtigen ist. Im Lichte des mit Jesus selbst gegebenen Interpretaments gesehen, treten zweifellos affirmative Züge deutlicher hervor, während sich andere als sekundär, wenn nicht gar als verstörend erweisen. Das ist dort der Fall, wo genuine Jesusworte „übertextet" in sachfremdem Sinn stilisiert werden. So im Fall des Logions vom Menschensohn, der nicht gekommen ist, „um sich bedienen zu lassen, sondern um zu dienen" (Mk 2,1-12), das durch den nachträglich eingefügten Wortwechsel Jesu mit den Gegnern apologetisch – zum Beweis der Vergebungsvollmacht des Wundertäters und seiner Gemeinde – abgezweckt und dadurch in ihrem Grundcharakter als Heilungsgeschichte verdunkelt wurde.

Vor allem aber läßt das Interpretament konforme Stellen wie die Einladung an die Bedrückten und Beladenen (Mt 11,28), ungeachtet ihrer größtenteils sekundären Herkunft, erst in ihrem Vollsinn hervortreten. Für das angesprochene Wort zeigte dies Kierkegaard, als er die Einladung als das zentrale Programmwort Jesu begriff und davon seine „Christologie von innen" herleitete. Gleiches trifft auf das auf dem Höhepunkt des johanneischen Abschiedsgebets (Joh 17,24) ertönende Machtwort zu, das in seiner Akzentuierung durch das Interpretament geradezu als Verlautbarung der Zentralaussage des ganzen Evangeliums hörbar wird[35].

Indessen werden diese Korrekturen weitgehend entbehrlich, wenn die fraglichen Stellen nicht mehr im Licht des Interpretaments gelesen, sondern rückläufig auf den bezogen werden, der als das leibhaftige Medium der göttlichen Selbstmitteilung die das Innerste Gottes offenlegende Botschaft ist. Dann mag es, sowohl im Blick der Menschlichkeit dieses Offenbarers wie der seiner Rezeption, Gründe dafür gegeben haben, den Ernst des Angebots durch drohende Töne zu unterstreichen und manches in funktionale Zusammenhänge zu bringen; doch blieb die Grundaussage davon unberührt. Denn für den sich in Jesus mitteilenden Gott, dessen Hulderweise (nach Röm 11,29) „unwiderruflich" sind, gab es dann ebenso wenig ein Zurück hinter die von ihm ein für allemal gegebene Zusage, wie es für den Beter jemals ein Zurück in die Vorstellung von einem ambivalenten, zwischen Güte und Drohung oszillierenden Gott geben kann, nachdem er diesen, durch Jesus beauftragt und durch seinen Geist bewogen, mit dem Vaternamen anzurufen wagte. Überstrahlt vom Glanz dieses Gottes gewinnen die Trostworte des Evangeliums erst ihren wahren Stellenwert. Überstrahlt von diesem Glanz verlieren aber auch die Drohworte, zusammen mit ihrem Schrecken, ihre Bedeutung und Relevanz. Denn sie gehören einer Ebene der Gottesbeziehung an, die an die von Jesus eröffnete nicht heranreicht.

DIE BEWUSSTSEINSWENDE

Wo diese Ebene ansetzt, gibt der Eingangssatz des Johannesprologs zu verstehen. Denn der Anfang, auf den das „Wort" zurückführt, liegt ebenso in Gott wie im Glaubenden. Wie schon seinem Klang zu entnehmen ist, spricht er von keinem Sachverhalt, der vergegenständlicht werden könnte, sondern von dem Urgrund, der alles in sich hineinreißt. Das gilt für jeden, der sich in den Bannkreis dieses Satzes begibt. Er verliert den Boden, auf dem er zu stehen glaubte und sieht sich statt dessen an das sich verstrahlende Bei-sich-sein Gottes verwiesen. Mit dem tragenden Boden verliert er dann aber auch den denkerischen Grund seiner Identitätsfindung, der in der Selbstunterscheidung von seiner Umwelt und mehr noch von der Selbstbehauptung der auf ihn eindringenden Todesdrohung besteht. Statt dessen sieht er sich in den Lichtkreis des Wortes aufgenommen, „das jeden Menschen erleuchtet" und ihn dadurch der Not subjektiver Selbstfindung überhebt. Höchst subjektiv wurde das von Symeon dem neuen Theologen mit den bekenntnishaften Sätzen umschrieben:

> Wieder leuchtet mir das Licht. Wieder schaue ich es in seiner Klarheit. Wieder deckt es mir alles auf und bringt es mir an den Tag. Wieder weilt der, der über allen Himmeln ist und den kein Mensch je gesehen hat, in mir. Nicht entriegelt er die Himmelstür, nicht bricht er sich Bahn durch die Nacht, nicht durchschlägt er das Dach meines Hauses, nein, ohne irgendetwas zu durchdringen, weilt er bei mir, dem Armen, mitten in meinem Geist, mitten in meinem Herzen. Und ich, der ich inmitten all dieser Dinge weile, bin nun alledem entrückt, selbst meinem Leib. Hier bin ich nun ganz und in Wahrheit ich, wo nur noch Liebe um mich ist[36].

Im Bannkreis dieses Lichts fallen die gewohnten Barrieren. Der Unterschied von Medium und Botschaft und damit die „mediale Differenz" entfällt, ebenso wie die von Geber und Gabe, wie es der Kierkegaardsche Schlüsselsatz: „Der Helfer ist die Hilfe" zum Ausdruck bringt. Damit werden dann aber auch die mit den Anschauungsformen von Raum und Zeit gegebenen

Differenzen gegenstandslos, weil sich in diesem Licht die Dimension der Ewigkeit auftut. Nur eine Differenz scheint der Macht seiner Einstrahlung zu widerstehen: der Unterschied von Rezipient und Gegenstand, Verstehendem und Verstandenem. Wenn aber der Helfer die Hilfe und der Botschafter die Botschaft ist, kann zuletzt auch diese „hermeneutische Differenz" nicht fortbestehen. Dann geht der Rezipient in die an ihn ergangene Zusage ein, so daß er vor der lebenslang nicht voll zu lösenden Aufgabe steht, sich das in immer neuen Ansätzen gesagt sein zu lassen, was ihm in und mit dem uranfänglichen Wort zugesprochen ist. Darin besteht der Sinn und das nie voll einzuholende Ziel der Christus-Hermeneutik.

Tönende Vergewisserung

GIBT ES EINEN MUSIKALISCHEN GOTTESBEWEIS?

DER ZUSPRUCH

Im Widmungsschreiben seiner ‚Docta Ignorantia' beruft sich Nikolaus von Kues auf eine intellektuelle Vision, durch die er zu seiner grenzüberschreitenden Denkform geführt worden sei. Damit tritt er in die Reihe großer Vergleichsgestalten, die gleichfalls durch visionäre Erlebnisse zu exzeptionellen Leistungen befähigt wurden, so zu Anselm von Canterbury, der seinen bahnbrechenden Gottesbeweis einer nächtlichen Eingebung zuschreibt, und zu Dante, der sich durch eine wunderbare Schau zur Dichtung der ‚Göttlichen Komödie' veranlaßt sah. Auf eine Audition führte der Cusaner dagegen das Leitwort zurück, auf dessen überragenden Stellenwert wohl erstmals Ernst Cassirer aufmerksam machte[1]. In seiner Schrift ‚Vom Sehen Gottes', die er für die Mönche vom Kloster Tegernsee als eine Art Prolegomenon zu seiner ‚Docta Ignorantia' verfaßt hatte, berichtet Cusanus:

> *Während ich in der schweigenden Betrachtung verharre, antwortest du mir, Herr, in meinem Innersten mit dem Zuspruch: „Sei dein eigen, dann bin auch ich dein eigen"[2].*

So entspricht es seinem Theorem von der „großen Stimme", die er, im Menschenherzen widerhallend, die ganze Offenbarungsgeschichte durchziehen hört, bis sie sich zu Johannes, dem Rufer in der Wüste, steigert, um dann in der Lebensgeschichte Jesu unterschiedliche Modulationen zu durchlaufen, bis sie schließlich im Todesschrei des Gekreuzigten ausklingt[3]. Was er innerlich vernimmt, ist somit der subjektive Widerhall des alle Zeiten durchdringenden Offenbarungswortes: ein Wort, das zur

Selbstaneignung aufruft und zur Selbstbestätigung befähigt. Gerade dieser bedarf es aber bei der Schaffung eines wissenschaftlichen oder künstlerischen Werkes, und dessen um so mehr, wenn es sich um ein Werk von herausragender Größenordnung handelt.

SEI DEIN EIGEN

Wenn diese Stimme vernommen werden soll, muß jedoch zuerst ein Purgatorium durchmessen werden, damit dieser Zuspruch überhaupt ausgemacht und gehört werden kann.

Denn die leisen Töne, um die es geht, sind erst dann zu vernehmen, wenn das Stimmengewirr, das von allen Seiten auf den Hörer eindringt, verebbt oder durch einen Kraftakt zum Schweigen gebracht wird. Da aber die erforderliche Stille nach aller Erfahrung nicht von selber eintritt, ist Exorzismus erforderlich, der das sich nur zu oft zum Furioso steigernde Stimmengewirr verstummen läßt. Auf der Suche nach diesem Exorzismus wird man tatsächlich fündig, jedoch nicht, wie man erwarten möchte, nach dem Hexensabbat der ‚Symphonie phantastique' von Berlioz oder der ‚Nacht auf dem kahlen Berg' von Mussorgski, sondern am Schluß von Hindemiths Sinfonie ‚Mathis der Maler', wenn die in der „Versuchung des heiligen Antonius" anstürmenden Dämonen durch das „Lauda Sion Salvatorem" buchstäblich - symbolisiert durch eine Fuge - in die Flucht geschlagen werden.

Bei Hindemith folgt dem - wie in Form einer „liturgischen Aktion" (Zimmermann) - das krönende „Alleluia. Amen", das den Zuspruch aber eher demonstrativ als insinuativ zum Ausdruck bringt. Beweiskräftig dafür ist dagegen jenes Werk, das das musikalische Inspirations-

erlebnis, wie es schon Händel für seine Komposition des
‚Messias' für sich in Anspruch nahm, in aller Form
reflektiert: Hans Pfitzners „in dem äußersten Bedürfnis
nach einem großen Werk" aufgrund eines von Thomas
Mann als Dichtung gewürdigten, vom Komponisten
selbst verfaßten Textbuchs 1915 vollendete und 1917 erstmals aufgeführte Oper ‚Palestrina', um so beweiskräfti-
ger, als Pfitzner darin seinem Theorem von der Unver-
zichtbarkeit des musikalischen Einfalls huldigte[4].

Die Paradoxie des Werkes, die darin besteht, daß Pfitzner den entscheidenden Einfall der ‚Missa Papae Marcel-
li' seines Titelhelden – und nicht eigener Intuition – ent-
nimmt, löst sich vor dem Hintergrund des Cusanuswor-
tes auf. Denn die Engel könnten den an sich verzweifelnden Komponisten durch die ihm zugesungenen
Töne der Messe nicht zum schöpferischen Mitvollzug
ihres Gesanges bewegen, wenn er aus ihren Stimmen
nicht den unausdrücklichen Zuspruch: „Sei dein eigen"
vernähme. So aber wird das Werk zu einem großen
Zeugnis musikalischer Selbstbestätigung. Als das bedeu-
tendste Gegenstück dazu hat, trotz des Einspruchs
Giselher Schuberts, die unter größten Mühen seines
Schöpfers vollendete und alsbald unter nationalsozialisti-
schen Beschuß geratene Oper ‚Mathis der Maler' von
Paul Hindemith, die sich gleichfalls um eine inspiratori-
sche Traumszene bewegt, zu gelten[5]. Hier ergeht an den
Künstler sogar der Appell: „Gehe hin und bilde", der
geradezu als eine auf ihn bezogene Paraphrase des
kusanischen „Sei dein eigen" gelesen werden kann.

Indessen bleiben die künstlerischen Zeugnisse dabei
nicht stehen. In einem herausragenden Fall, dem „dem
Andenken eines Engels" gewidmeten Violinkonzert
Alban Bergs, das seinem Schöpfer zum eigenen
Requiem geriet, bezieht sich die Aussage sogar auf den
Extremfall menschlicher Selbstaneignung, das Einver-

ständnis mit dem Tod[6]. Das Werk reifte unter dem Eindruck eines Schicksalsschlags und einer Entdeckung. Als Berg mit dem Beginn des Auftragswerks noch zögerte, starb nach qualvollem Leiden die ihm nahestehende jugendliche Manon Gropius, für den Komponisten der Anstoß, das Werk als Totenfeier für sie zu gestalten. Demgegenüber bestand die Entdeckung darin, daß er zu seiner Überraschung die Übereinstimmung der die von ihm gewählte Reihe abschließenden Ganztonfolge mit dem Anfang des Chorals: „Es ist genug" aus der Bachkantate ‚O Ewigkeit, du Donnerwort' (BWV 60) erkannte. Im abschließenden Adagio-Satz fügt Berg diese Choralmelodie äußerst kunstvoll seinem zwischen Erinnerungen an Manons Lebensfreude und dem Einbruch der Todeskrankheit oszillierenden Zwölftonwerk ein. Nachdem die erste Variation im Sinne des Eröffnungsverses: „Es ist genug! Herr, wenn es dir gefällt, so spanne mich doch aus!" die Ergebung der Sterbenden in ihr Schicksal schildert, vergegenwärtigt die Umkehrung der Choralmelodie in der zweiten Variation ein letztes Aufbäumen gegen die Todesgewalt, das dann aber im Sinn der Schlußverse: „Nun, gute Nacht, o Welt. Ich fahr' ins Himmelshaus. Ich fahre sicher hin in Frieden, mein großer Jammer bleibt darnieder" alsbald in die Einwilligung ins Unvermeidliche übergeht. Ein versöhnliches Licht fällt noch dadurch auf diesen Ausklang, daß der Schatten der tanzenden Manon für einen Augenblick auftaucht, der das Ende beziehungsreich mit dem Anfang verbindet.

Einverständnis mit dem Zwang des Sterbenmüssens: bei aller Bereitschaft dazu ist die denkerische Reflexion dazu außerstande, weil beim Versuch, den Tod auszudenken, das um diesen Versuch bemühte Ich stets übrig bleibt. Was sich aber dem Denken entzieht, das vermag, wie Bergs Abschiedswerk beweist, die Musik. Das betrifft unter den neueren Komponisten kaum einen mehr als den seiner Position an einer Zeitwende bewußten und im Bewußtsein der Vergänglichkeit des Daseins schaffenden Max Reger, der dem Musikschriftsteller Arthur Seidl gestand:

> *Haben Sie noch nicht bemerkt, wie durch alle meine Sachen der Choral hindurchklingt: „Wenn ich einmal soll scheiden"?*

Zwar erhob sich auch die Philosophie bei Franz Rosenzweig zu der Erkenntnis:

> *Vom Tode, von der Furcht des Todes hebt alles Erkennen des Alls an.*

So das Eingangswort seines in den Schützengräben der Balkanfront des Ersten Weltkriegs verfaßten Werkes ‚Der Stern der Erlösung'. Doch ist es nur der Musik gegeben, die Einwilligung in den Tod auf eine rational nicht nachvollziehbare, jedoch existentiell ergreifende Weise zu vergegenwärtigen. Doch wie ist es dann möglich, in sinnvoller Weise davon zu sprechen?

MUSIKSPRACHE UND SPRACHMUSIK

Das ließe sich nachweisen, wenn Sprache und Musik enger aufeinander bezogen wären, als es die beiden Begriffe erkennen lassen, wenn es also außer der vielberedeten Musiksprache auch eine Sprachmusik gäbe. Das wäre eine Musik, die nicht nur Worte vertont, sondern den Sprachklang aufgreift und so die Sprache selbst zum Klingen bringt. Um diesen musikalischen „Untergrund" der Sprache ging es Nietzsche, als er in einer Nachlaßnotiz betonte:

> *Das Verständlichste an der Sprache ist nicht das Wort*
> *selber, Ton, Stärke, Modulation, Tempo, mit denen eine*
> *Reihe von Worten gesprochen werden – kurz die Musik*
> *hinter den Worten, die Leidenschaft hinter dieser*
> *Musik, die Person hinter dieser Leidenschaft: alles das*
> *also, was nicht geschrieben werden kann[7].*

Dieser Musik hinter den Worten sind nach Thrasybulos Georgiades, angeregt durch ihre Muttersprache, vor allem deutsche Komponisten und unter ihnen an erster Stelle Beethoven nachgegangen. Als besonders sprechenden Beleg dafür verweist er, stellvertretend für andere Vergleichsstellen wie insbesondere den von Beethoven ausdrücklich mit Le-be-wohl charakterisierten Eingang der Sonate Les Adieux (Op. 81a), auf das Frage- und Antwortspiel „Muß es sein? Es muß sein" vom Schlußsatz des letzten Streichquartetts (Op. 135)[8]. Im Unterschied zu Bach, der allerdings bisweilen ähnlich verfährt, hält sich Beethoven nicht an den Wortlaut, sondern an die von diesem unabhängige Sprachmusik, die sich auf den „Untergrund" der artikulierten Rede bezieht[9].

Das verhilft zur Klärung des Todesproblems. Wenn sich der Tod auch der gedanklichen Reflexion entzieht, weiß der Mensch doch aufgrund eines aus seiner Physis aufsteigenden dunklen Bescheids um sein Sterbenmüssen. Es ist allein der Musik gegeben, diesen Bescheid hörbar zu machen, wie dies paradigmatisch im Bach-Zitat in Alban Bergs Violinkonzert und, nach Regers ausdrücklicher Versicherung, in allen seinen Werken geschah.

DANN BIN ICH DEIN

Führt von da aber ein Weg zu Gott? Das entscheidet sich an der Vorfrage, ob Gott und Tod tatsächlich in

einem derartigen Verhältnis stehen, wie es der Gleich-
klang der Worte insinuiert. Den Beweis erbringt die
Beobachtung, daß der Tod nach Ausweis der Odyssee,
die nach Ranke/Graves als die größte Todesdichtung der
Menschheit zu gelten hat, in einer ähnlichen Ambivalenz erscheint wie das Gottesbild der Menschheit. Wie in
dem Schubert-Lied ,Der Tod und das Mädchen', in dem
der als „wilder Knochenmann" Gefürchtete die Sterben-
de mit dem Zuspruch tröstet: „Ich bin nicht wild; sollst
sanft in meinen Armen schlafen", oszillieren die Todes-
szenen der homerischen Dichtung zwischen Schrecken
(Polyphem) und Faszination (Sirenen). Dasselbe aber gilt
von dem Gott der Menschheitstradition, den selbst
Buber am Schluß seiner ,Reden über das Judentum'
„unseren grausamen und gütigen Herrn" nennt. Sofern
die Musik in exzeptionellen Werken wie dem Violinkonzert Alban Bergs zum Vernehmen des dunklen
Bescheids verhilft, könnte sie auch eine Annäherung an
diesen ebenso zu fürchtenden wie zu liebenden Gott
bewirken, vorausgesetzt, daß mit der erwähnten Ambivalenz das letzte Wort über ihn gesprochen wäre.
Wie Ludwig Feuerbach mit polemischer Schärfe geltend
machte, ist dies aber nicht der Fall, weil sich dieser Gott
als eine einzige Projektion des durch seine Todverfallenheit mit sich überworfenen Menschen erweist. Der zur
Versöhnung mit seinem Sterbenmüssen Bereite fände in
diesem Gott nur ein Spiegelbild seiner eigenen Zerris-
senheit, biblisch gesprochen, den Richter, von dem er
nicht weiß, ob er ihn aufnimmt oder verwirft. Diesem
Dilemma entginge der Mensch nur unter zwei Voraussetzungen. Wenn er im Sinn der ersten zu dem von
Jesus entdeckten Gott der bedingungslosen Liebe fände,
die ihn der Angst vor dem Gericht enthebt, und wenn
er im Sinn der zweiten von der Musik so, wie sie ihn
den Vordersatz der Cusanusstelle – „sei dein eigen" –

vernehmen ließ, auch den Nachsatz – „dann bin auch ich dein eigen" – zu hören bekäme. Doch dafür kann die Stelle der Bach-Motette ‚Jesu meine Freude' (BWV 227) in Anspruch genommen werden, an der Bach über die Lutherische Rechtfertigungslehre auf Paulus zurückgreift, für den an dem mit Christus geeinten Menschen, wie er mit großer Betonung versichert, „nichts Verdammliches" ist[10].

Nicht weniger beweiskräftig ist der ‚Heilige Dankgesang eines Genesenen an die Gottheit in lydischer Tonart', das Molto adagio von Beethovens Streichquartett Op. 132, besonders im Einsatz des Andante, das mit „Neue Kraft fühlend" überschrieben ist. Denn nach Ausweis des „italienischen Skizzenbuchs" notierte sich Beethoven dazu den Satz:

Doch du gabst mir wieder Kräfte mich des Abends zu finden,

so daß dem Titel „Neue Kraft fühlend" unverkennbar eine religiöse Erfahrung zugrundeliegt. Im großen Stil hatte das Beethoven im „Et incarnatus est" seiner ‚Missa solemnis' vorweggenommen, von dem im besonderen Maße seine Überzeugung von der inspiratorischen Entstehung des „Neuen und Originellen" gilt; denn dieses, so sein Ausdruck, gebiert sich selbst, ohne daß man daran denkt"[11]. Auf diese Stelle trifft auch in erhöhtem Maße die „Hauptabsicht" Beethovens zu,

sowohl bei den Singenden als bei den Zuhörenden religiöse Gefühle zu erwecken und dauernd zu machen[12].

Deshalb entrückt er den Hörer an dieser Stelle dadurch, daß er die bisher angehaltene Tonalität auf Kirchentonarten hin überschreitet, um sich dann mit dem staunend aufjubelnden Tenorsolo im „Et homo factus est" zur Menschwerdung des Gottessohnes, diesem „glühend

heißen" Kern der Messe, zu bekennen[13]. An diesem
Drehpunkt des Werkes geht es Beethoven um mehr als
nur um das im Wortlaut Ausgedrückte. Wie die ganze
Anlage zeigt, kehrt die Messe vielmehr in dem „Et homo
factus est" in ihre Mitte, wie sie von Beethoven verstanden wird, zurück, nachdem sie sich zuvor im „Et incarnatus est" in mystische Dimensionen erhoben hatte.
Man könnte geradezu den Eindruck gewinnen, daß sich
das Werk an dieser Stelle zu sich selbst bekennt, oder
besser noch, daß sich das Credo hier selbst zum Ausdruck bringt und selber sagt. Wenn aber das angenommen werden darf, ist hier zugleich die Übereinkunft mit
der Zusage: „Dann bin auch ich dein eigen" erreicht.
Den Bogen zur thematischen Frage nach einem musikalischen Gottesbeweis schlägt die Beobachtung, daß Beethoven mit dem „Et homo factus est" im Vorgriff auf Feuerbachs Projektionsthese mit der Erkenntnis antwortet,
daß der christliche Gott keineswegs, wie diese These
unterstellt, den Menschen sich selbst entfremdet, sondern ihn durch seine Entgegenkunft in der Menschwerdung erst voll in seinem Menschsein bestätigt. Denn in
jedem Satz über Gott ist, christlich gesehen, der Mensch
mitgesagt. Indem Gott dem Menschen im Ereignis seiner Offenbarung sagt, wer er ist – denn Offenbarung ist
wesentlich göttliche Selbstoffenbarung –, gibt er ihm
zugleich zu verstehen, wer er, der Mensch, ist. Da Gott
aber nur indirekt, vermittelt durch das Wort der Bibel,
wie aber unmittelbar der Gesprächspartner des Menschen ist, entfällt in dieser Gesprächsbeziehung die im
Fall des direkten Dialogs gegebene dreifache Vergewisserung. Denn jeder, der ein Gespräch führt, weiß unzweifelhaft um das Faktum seines Redens, unzweifelhaft
aber auch um die Existenz des zu ihm redenden Part-
ners und nicht zuletzt um seine eigene. Dieses Gewiß-
heitserlebnis geht der indirekten, durch ein personales

oder sachliches Medium ergehenden Mitteilung ab. Wie kann diesem Mangel abgeholfen werden?

DIE GOTTESSUGGESTION

Medium der Gottesoffenbarung ist im christlichen Verständnis der, den der Johannesprolog in diesem – medialen – Sinn „das Wort" nennt: Jesus. Er versammelt um sich den Zwölferkreis seiner Jünger, die für die Zeugen stehen, die durch ihre Verkündigung den Christenglauben erwecken. In seinem denkwürdigen Artikel ‚Theos im Neuen Testament' wies Karl Rahner auf die überraschende Tatsache hin, daß dieser Jüngerkreis offensichtlich keinen Anlaß fühlte, sich durch einen Beweisgang der Existenz Gottes zu vergewissern, obwohl doch sein ganzes Wirken mit dieser Existenz stand und fiel[14]. Die Erklärung dieses auffälligen Umstands kann nur in einer von Jesus ausgehenden Suggestion bestehen, durch die die Jünger den Eindruck gewannen, im Umgang mit ihrem Meister mit Gott ins Einvernehmen gezogen, ja durch ihn geradezu angerufen und eingefordert zu sein. Wenn es sich aber so verhält, gibt es nicht nur den Weg der argumentativen Vergewisserung, sondern auch emotionale Verifikationswege, wie sie im Fall der Ausstrahlung Jesu anzunehmen sind. Ähnliches aber nimmt auch Beethoven für sich in Anspruch, wenn er es als seine „Hauptabsicht" bezeichnet, durch seine ‚Missa solemnis' „sowohl bei den Singenden als bei den Zuhörenden religiöse Gefühle zu erwecken und dauernd zu machen".

Das Wort gewinnt sein volles Profil erst vor dem Hintergrund einer von Walter Riezler mitgeteilten Briefstelle, in der Bethoven, bezeichnend für seine – durch Skepsis, Verbitterung und Verachtung freilich bisweilen verdeckte – Grundeinstellung, erklärt:

> *In dem Bezirke, der mir angewiesen ist, will ich unter*
> *meinen Brüdern Wohltaten verteilen, die ich von Gott*
> *empfangen habe. Ohne Eigennutz will ich jedem, der es*
> *bedarf, Hilfe leisten; diesem Unterricht, jenem Trost,*
> *jenem Stärkung und Nahrung mitteilen[15].*

Diesem Geständnis zufolge gehört Beethoven zu jener
relativ seltenen Kategorie von Menschen, die erlittenes
Unglück nicht an anderen abzureagieren, sondern es
ihm durch besondere Zuwendung zu ersparen suchen.
Was das in religiöser Hinsicht besagt, bringt ein an Erzherzog Rudolph, den Schüler des Komponisten, gerich-
tetes Wort zum Ausdruck:

> *Höheres gibt es nicht, als der Gottheit sich mehr als*
> *andere Menschen nähern und von hier aus die Strahlen*
> *der Gottheit unter das Menschengeschlecht verbreiten[16].*

Das hat zur Voraussetzung, daß Beethoven nicht nur in
jenem „dialogischen" Verhältnis zu Gott steht, das ihn
dazu veranlaßt, sich in seinen Aufzeichnungen immer
wieder seiner zu versichern und hilfe- und trostsuchend
an ihn zu wenden, sondern in einer nur noch als
„mystisch" zu bezeichnenden Beziehung, weil ihn nur
eine solche dazu befähigen konnte, die „Strahlen der
Gottheit" in seinem Werk aufleuchten zu lassen. Dem
widersprechen allerdings Jean und Brigitte Massin mit
dem Hinweis darauf, daß Beethoven in Stunden der
Verbitterung und Vereinsamung Gott zwar als Freund
angerufen, aber niemals die Erschaffung des neuen, des
inneren Menschen erfleht habe, wie es Paul Claudel mit
den Worten: „Jemand, der in mir mehr ich selbst ist, als
ich selbst es bin" umschrieb[17]. Dieser mit den verbalen
Äußerungen des Komponisten durchaus zu belegenden
Behauptung steht jedoch die grundlegende Beobachtung entgegen, daß im Fall des großen Künstlers die

wahre Biographie nicht in den oft erbärmlichen und von anhaltenden Miseren gekennzeichneten Lebensdaten, sondern in seinen Werken vorliegt. Das gilt inbesondere von Beethoven, der sich aus der vom „Heiligenstädter Testament" dokumentierten Verzweiflung zur strahlenden Selbstdarstellung in seiner ‚Eroica' erhob und der während unerquicklicher Familienstreitigkeit das Wunderwerk seiner Achten Sinfonie schuf. In erhöhtem Sinn trifft das aber auch auf seine Religiosität zu, deren wahrer Charakter nicht so sehr aus seinen Äußerungen und Anrufungen als vielmehr aus den nach dem Beethoven-Biographen Wilhelm von Lenz im „Stil mystischer Offenbarung" gestalteten langsamen Sätzen des Spätwerks erhellt[18]. Und diese Zeugnisse sprechen unzweifelhaft für jene mystische Komponente in Beethovens Frömmigkeit, die den von ihm bekundeten Willen zur „Ausbreitung" und Weitergabe der „Strahlen der Gottheit" überhaupt erst ermöglicht. Insofern könnte man seinen über das Kyrie der ‚Missa solemnis' geschriebenen Wunsch „Möge es wieder – zu Herzen gehen" geradezu mit einem Wort Albert Schweitzers über den Mitteilungswillen des Apostels Paulus verdeutlichen:

Mit Gewalt stößt Paulus den Menschen durch Selbstbekenntnisse, in denen er sich ihm preisgibt, in ein Erleben hinein, das dem seinen gleich werden soll[19].

Das ist der nach Rahner schon von Jesus beschrittene Weg der religiösen Induktion. Doch auf diesen Weg konnte sich Beethoven im Vorgefühl der sich von Feuerbach bis zu Nietzsche steigernden Gottesbestreitung nicht allein verlassen. Wenn er das ganze Menschengeschlecht erziehen wollte, mußte er sich vielmehr auch jenen verständlich machen, die bereits von der großen Abdrift ergriffen und für bloße Insinuationen nicht mehr zugänglich waren. Ihnen wandte er sich mit seiner schon kurz vor Abschluß der Meßkomposition in Angriff genommenen Neunten Sinfonie zu.

ÜBERM STERNENZELT

Schon früh (1792) trug sich Beethoven mit dem Gedanken, Schillers Ode an die Freude, deren Titel einer nicht ganz gesicherten Überlieferung zufolge zunächst so wie dann durch die Umwidmung Leonhard Bernsteins anläßlich des Falls der Berliner Mauer „An die Freiheit" lautete, zu vertonen[20]. Kurz vor der Jahrhundertwende notiert er, bezeichnend für seinen Ausgangspunkt, ein Thema zur Verszeile „muß ein lieber Vater wohnen", einige Jahre später ein Thema zur Wendung „wer ein holdes Weib errungen" und schließlich abgerissene Sätze, die auf den Plan zu einer Revolutionsouvertüre zu Schillers Freudenode schließen lassen. Erst im Verlauf eines komplizierten Schaffensprozesses reift in Beethoven dann der Gedanke an eine Chorsinfonie, die mit der Freudenode die zunächst rein instrumental geplante (1822) Neunte Sinfonie beschließen sollte[21]. Überaus schwierig gestaltete sich insbesondere die Einführung der Singstimmen, die schließlich in dem Aufruf: „O Freunde, nicht diese Töne! sondern laßt uns angenehmere anstimmen und freudenvollere" gefunden wurde. Damit blickt der Solist auf den Eingang des Finale zurück, der mit der „Schreckensfanfare" (Wagner) und der sukzessiven Verwerfung der Hauptthemen der nochmals zitierten vorangehenden Sätze begonnen hatte.
Einen ersten Höhepunkt erreicht das Finale in dem gewaltigen Ausruf: „Und der Cherub steht vor Gott", mit dem der Komponist auf seine beiden Hauptmotive:

„Alle Menschen werden Brüder" und „Überm Sternenzelt muß ein lieber Vater wohnen" (Stähr) hinführt. Mit
dem einen beteuert er seine freude- und friedenstiftende
Zuwendung zum ganzen „Menschengeschlecht", von
der er in seinem Brief an Erzherzog Rudolph gesprochen hatte, und die Nietzsche zu Beginn seiner ‚Geburt
der Tragödie aus dem Geiste der Musik' mit den Worten
erläutert:

> Jetzt ist der Sklave freier Mann, jetzt zerbrechen alle die
> starren, feindseligen Abgrenzungen, die Not, Willkür
> oder „freche Mode" zwischen den Menschen festgesetzt
> haben. Jetzt, bei dem Evangelium der Weltenharmonie,
> fühlt sich jeder mit seinem Nächsten nicht nur verei-
> nigt, versöhnt, verschmolzen, sondern eins[22].

Zum zweiten Hauptmotiv, dem Bekenntnis zum Vater
„überm Sternenzelt" leitet, paradoxerweise, gleichfalls
ein Nietzschewort über. Danach kann es dem Hörer der
Neunten Sinfonie vorkommen, daß er sich

> über der Erde in einem Sternendom schweben fühlt,
> mit dem Traum der Unsterblichkeit im Herzen: alle
> Sterne scheinen zu flimmern und die Erde immer tiefer
> hinabzusinken. – Wird er sich dieses Zustands bewußt,
> so fühlt er wohl einen Stich im Herzen und seufzt nach
> dem Menschen, welcher ihm die verlorene Geliebte,
> nenne man sie nun Religion oder Metaphysik, zurück-
> führe[23].

Wenn Nietzsche dadurch den „intellektualen Charakter"
des Hörers „auf die Probe gestellt fühlt", sieht er Beethovens Musik an dieser Stelle, bei der er aller Wahrscheinlichkeit nach das Bekenntnis zum Vater überm Sternenzelt im Blick hat, im Konflikt mit der Argumentations-
kraft der Vernunft, die für ihn von Feuerbach dazu
überredet wurde, „daß die Menschen", wie eine flüchtig

hingeworfene Nachlaßnotiz versichert, „Gott geschaffen haben", und die er selbst von den letzten, selbst den grammatikalischen Bindungen an den Gottesgedanken abzubringen suchte[24].

Die intellektuale Gegenposition stellt Beethoven tatsächlich im Schlußchor auf eine radikale Probe. Doch das nicht durch eine wie immer geartete Gegenargumentation, sondern dadurch, daß er über seinen Hörern das „Sternenzelt" des gestirnten Himmels erstrahlen läßt. Es ist dies der Himmel der Ideen und Ideale, den Thomas Manns ‚Doktor Faustus' – Inbegriff der Dekadenz des deutschen Geistes – in einem Akt blasphemischer Auflehnung „zurücknehmen" wollte[25]. Von der entscheidenden Szene berichtet der nur mühsam folgende Gesprächspartner:

> „Ich habe gefunden«, sagte er, „es soll nicht sein".
>
> „Was, Adrian, soll nicht sein?"
>
> „Das Gute und Edle", antwortete er mir, „was man das Menschliche nennt, obwohl es gut ist und edel. Um was die Menschen gekämpft, wofür sie Zwingburgen gestürmt, und was die Erfüllten jubelnd verkündet haben, das soll nicht sein. Es wird zurückgenommen. Ich will es zurücknehmen".
>
> „Ich verstehe dich, Lieber, nicht ganz. Was willst du zurücknehmen?"
>
> „Die Neunte Symphonie", erwiderte er. Und dann kam nichts mehr, wie ich auch wartete.

Mit dem Hinweis auf die Neunte Symphonie überbietet der Aggressor sogar noch das, was er in Anspielung auf das Goethewort: „Edel sei der Mensch. hilfreich und gut" zunächst als das Ziel seiner Zurücknahme bezeichnet hatte. Denn damit zielt er auf den durch Jesus erschlossenen „göttlichen Bereich", zu dem sich Beethoven mit dem postulatorischen Bekenntnis zum Vater

„überm Sternenzelt" erhoben hatte. Denn dort „muß" der Textvorlage zufolge der von der „Welt" geahnte und von den Cherubim umstandene Schöpfer wohnen. Das aber ist eindeutig der „Vater", den Jesus für die Menschheit entdeckt, den er mit seiner Zärtlichkeitsanrede: „Abba - Vater" angerufen und den er durch sein Lebenswerk allen, die auf ihn hören, nahegebracht hatte.

Daß Beethoven diese Gewißheit seinen „Brüdern" zuruft, hängt mit einer theologischen Grundeinsicht seiner Zeit zusammen, der Johann Adam Möhler in seinem Jugendwerk ‚Die Einheit in der Kirche' mit den Worten Ausdruck verlieh:

> *Nur vom Ganzen kann der, der das Ganze schuf, erkannt werden, weil er sich nur im Ganzen ganz offenbart; wie soll ihn der Einzelne erkennen? Dadurch, daß er, obschon er das Ganze nicht sein, es doch mit großem Gemüte, mit Liebe umfassen kann ... In der Liebe erweitern wir uns, die Einzelwesen, zum Ganzen; die Liebe erfasset Gott[26].*

Dieselbe Überzeugung liegt aber auch Beethovens Umarmung der „Millionen" und dem „Kuß der ganzen Welt" zugrunde. Mit seinem Appell an die „Brüder" will er somit die Basis gewinnen, von der aus der Himmel des Vaters „überm Sternenzelt" gestürmt werden kann. Das vollbringt das assertorische „Muß", das im Sinn der Logik der Musik an die Stelle des Arguments der Gottesbeweise des Denkens tritt. Doch wie verhält es sich damit?

DAS POSTULAT

Einen „tönenden Gottesbeweis" kann es naturgemäß nur im Rahmen dessen geben, was das Medium Musik vermag. Wie der Exponent der Medienwelt in Gestalt der audiovisuellen Medienszene aufs eindringlichste beweist, gehen die Medien letztlich darauf aus, sich an die Stelle der von ihnen vermittelten Inhalte zu setzen, so daß an ihnen das berühmte Wort des kanadischen Medientheoretikers Marshall McLuhan gilt: „The medium is the message". Indessen stilisieren sie nicht nur die Inhalte in ihrem Sinne um; vielmehr unterwerfen sie auch den Rezipienten ihrem Strukturgesetz, so daß er sich, wenn er sich ihrem Einfluß ganz überläßt, schließlich in eine Metapher seiner selbst verwandelt[27]. Rückläufig kann daraus auf die viel zu wenig wahrgenommene Macht der Medien geschlossen werden. Im Fall des Mediums Musik besagt das: Sie nimmt für sich ein und schlägt den Hörer in ihren Bann. Zwar überzeugt sie nicht nach Art eines Arguments oder gar eines Beweisgangs. Wohl aber überredet sie den Hörer mit persuasiver Macht zu dem, was sie ihm nahezubringen und ans Herz zu legen sucht. Im Finale von Beethovens Neunter Sinfonie gilt dies von dem Vater „überm Sternenzelt", dem er mit dem Satz „über Sternen muß er wohnen" entgegenführt. Da er auch lebensgeschichtlich von dem zu „Müssenden" zu reden pflegte, kann man schließen: In diesem „Muß" bekundet sich vorzugsweise die Überredungskraft seiner Musik. Zwar ist dieses „Muß" aus niedergerungenen Zweifeln geboren. Nachdem es erklang, duldet es aber keine Zweifel mehr, so daß für den Hörer, ungeachtet der ihn belastenden Ungewißheiten der „über Sternen" wohnende „Vater" unzweifelhaft feststeht. Doch was ist mit ihm gemeint?

DIE GOTTESENTDECKUNG

Eine Annäherung an das Erfragte ergibt sich, wenn das Postulat auf die in der Spätfassung des ‚Fidelio' erweiterte Kerker-Arie des Florestan bezogen wird. In der Urfassung (1805) fehlte noch die ·Aussicht auf das jenseitige Reich der Freiheit und dessen Botin, den „Engel Leonore", wie sie dann Florestan in der Todesphantasmagorie der Erweiterung (1814) wahrzunehmen glaubt. Das wurde von Dieter Rexroth, durchaus überzeugend, auf Beethovens hoffnungs- und aussichtslose Lage nach dem Abschied von der „unsterblichen Geliebten" und auf den Schwund der politischen Hoffnungen nach der Restauration bezogen[28]. Wenn aber im rettenden Trompetensignal die „in die Gräber dringende" *Tuba mirum spargens tonum* vernommen (Bloch) und in der verkleideten Leonore ein Schattenwurf des „Gottes in Knechtsgestalt" (Kierkegaard) gesehen werden kann, drängt sich außer der biographischen und politischen Deutung eine dritte, christologische, auf.

Was in der erweiterten Florestan-Arie nur imaginäres Zielbild ist, wird im „Muß" der Freudenode zu einer postulatorisch versierten Utopie. Von einer vorweggenommenen Utopie spricht die neuere Theologie bekanntlich im Blick auf die Reich-Gottes-Ansage und damit auf die zentrale Botschaft Jesu. Sie aber hat ihren glühenden Kern in der Entdeckung des bedingungslos liebenden Gottes, mit der er sich als der größte Revolutionär der Religionsgeschichte erweist. Er ist der Gott, dem er mit der ehrfürchtigen Zärtlichkeitsanrede: „Abba – Vater" Bahn bricht. Zumindest unterschwellig lebt der von Beethoven gerühmte Vater „überm Sternenzelt" von dieser Großtat Jesu, mit der er die Mauer der Unnahbarkeit Gottes durchstieß, mit der er den Abgrund der Gottesferne überbrückte und mit der er den Zugang zum Herzen Gottes erschloß. Im andern Fall wäre der „Vater" nur eine Floskel, von der unmöglich die Wirkung einer Vereinbarung aller Menschen zu einer weltweiten Bruderschaft ausgehen könnte.

So ist das Schlußwort der Neunten Sinfonie eine zwar

176

eher indirekte, dafür aber überaus machtvolle Erinnerung an den Himmel, den Jesus durch seine Gottesentdeckung über der in Angst und Todesschatten liegenden
Welt erstehen ließ, und als solche der bis heute forthal-
lende Protest gegen eine Entwicklung, die, vorangetrie-
ben durch Feuerbachs Reduktion der Theologie auf
Anthropologie und Nietzsches „Gott ist tot", in dem
von Thomas Manns ‚Doktor Faustus' verzweifelten Versuch der Zurücknahme all dessen gipfelt, „um was die
Menschen gekämpft, wofür sie Zwingburgen gestürmt,
und was die Erfüllten jubelnd verkündet haben". Auf
die nur zu verständliche Frage seines Gesprächspartners
„Was willst du zurücknehmen", erfolgt bekanntlich die
bestürzende Antwort: „Die Neunte Sinfonie". Dem fügt
der Fragesteller nur noch hinzu: „Und dann kam nichts
mehr, wie ich auch wartete".
Was hätte der auf weitere Äußerungen Wartende gesagt,
wenn er die Antwort der Geschichte in Gestalt der
Wiedervereinigung des von Thomas Mann totgesagten
Deutschland erlebt und wenn ihm zu Ohren gekommen wäre, daß der Fall der Berliner Mauer am Weih-
nachtsfest 1989 durch Leonard Bernstein mit dem zu
„Freiheit, schöner Götterfunken" umgedichteten Schlußchor gefeiert wurde? Zurückgenommen wurde in alledem nicht die Neunte Sinfonie, sondern das, was jemals
an ästhetischen und ideologischen Einwänden gegen sie
vorgebracht wurde. Bestätigt wurde dagegen Beethoven, und er nicht zuletzt mit dem von ihm erbrachten
musikalischen Gottesbeweis.

ANMERKUNGEN

Der ozeanische Atheismus

1 Das war für das Konzil Anlaß, die ursprünglich als das ‚Sekretariat für die Ungläubigen' bezeichnete Institution unter Leitung von Kardinal FRANZ KÖNIG einzurichten, die dann aufgrund eines Einspruchs des Dichters HANS ERICH NOSSACK in ‚Sekretariat für die Nichtglaubenden' umbenannt wurde.

2 A. K. WUCHERER-HULDENFELD und J. FIGL, Der Atheismus, in: Handbuch der Fundamentaltheologie I, Freiburg 1985, 95-116; ferner J. FIGL, Der Atheismus als theologiches Problem. Modelle der Auseinandersetzung in der Theologie der Gegenwart, Mainz 1977.

3 K. FLASCH und U. R. JECK, Das Licht der Vernunft. Die Anfänge der Aufklärung im Mittelalter, München 1997, 125-133; L. KOLA-KOWSKI, Zweifel an der Methode, Stuttgart 1977, 108ff.

4 PASCAL, Pensées, § 77.

5 H. JONAS, Der Gottesbegriff nach Auschwitz. Eine jüdische Stimme, Frankfurt 1987; dazu der Abschnitt „Der Verlust der Attribute" meines Sammelwerkes ‚Die Entdeckung des Christentums', Freiburg 2000, 306-318.

6 H. HEINE, Zur Geschichte der Religion und Philosophie in Deutschland (Ausgabe FERNER), Stuttgart 1957, 104.

7 A. a. O. , 103f.

8 H. DE LUBAC, Die Tragödie des Humanismus ohne Gott (Origi-naltitel: Le drame de l'humanisme athée), Salzburg 1950.

9 Dazu meine Schrift ‚Gottsucher oder Antichrist? Nietzsches pro-vokative Kritik des Christentums', Salzburg 1982.

10 S. FREUD, Das Unbehagen in der Kultur und andere kulturtheo-retische Schriften, Frankfurt 1954, 56ff.; dazu meine Abhandlung ‚Der Mensch – das uneingelöste Versprechen. Entwurf einer Modal-Anthropologie', Düsseldorf 1995, 257-262.

11 Dazu mein Beitrag ‚Der menschenmögliche Atheismus', in: V. SCHUBERT (Hrsg.), Welt ohne Gott? Theoretischer und prakti-scher Atheismus, St. Ottilien 1999, 135-146.

12 J. L. MACKIE, Das Wunder des Theismus. Argumente für und gegen die Existenz Gottes (Originaltitel: The Miracle of Theism), Stuttgart 1985; dazu A. SCHENZLE, Macht Naturwissenschaft

179

Gott überflüssig?, in: SCHUBERT, Welt ohne Gott?, S. 15-50; ferner W. SCHRÖDER, Ursprünge des Atheismus. Untersuchungen zur Metaphysik und Religionskritik des 17. und 18. Jahrhunderts, Stuttgart - Bad Cannstatt 1998, 252f.; 259.

13 MACKIE, a. a. O. , 407.

14 F. NIETZSCHE, Also sprach Zarathustra IV: Außer Dienst.

15 J. SCHMIDT, Die Geschichte des Genie-Gedankens in der deutschen Literatur, Philosophie und Politik II, Darmstadt 1988, 269-277; dazu meine ,Einweisung ins Christentum', Düsseldorf 1987, 170f.

16 Autoren wie STREMITZER, AUGSTEIN und SCHNEDELBACH haben unter diesem Gesichtspunkt als Nachzügler einer überwundenen und überholten Phase zu gelten.

17 S. KIERKEGAARD, Der Begriff Angst (Ausgabe RICHTER), Einbeck 1960, 57; dazu meine Studie ,Glaubenserweckung. Das Christentum an der Jahrtausendwende', Düsseldorf 2000, 44-50.

18 TH. W. ADORNO, Jargon der Eigentlichkeit. Zur deutschen Ideologie, Frankfurt 1964, 115.

Licht oder Finsternis

1 I. KANT, Die Religion innerhalb der Grenzen der bloßen Vernunft (Ausgabe VORLÄNDER), Hamburg 1956, 99-165.

2 Dazu die Ausführungen meiner ,Einweisung ins Christentum', Düsseldorf 1997, 132ff.; 402ff.

3 L. SCHENKE, Die Urgemeinde. Geschichtliche und theologische Entwicklung, Stuttgart 1990, 169f.

4 M. REISER, Die Gerichtspredigt Jesu. Eine Untersuchung zur eschatologischen Verkündigung Jesu und ihrem frühjüdischen Hintergrund, Münster 1990; CHR. RINIKER, Die Gerichtsverkündigung Jesu, Bern 1999; R. MIGGELBRINK, Der Zorn Gottes. Geschichte und Aktualität einer ungeliebten biblischen Tradition, Freiburg 2000.

5 REISER, a.a.O., 241; MIGGELBRINK, a.a.O., 26.

6 A.a.O., 493.

7 W. BEINERT (Hrsg.), Gott – ratlos vor dem Bösen? Freiburg 1999.

8 Dazu der Abschnitt „Fehlten Tote?" in meinem Sammelband

,Hat der Glaube eine Zukunft?', Düsseldorf 1994, 85-96.

9   F. ROSENZWEIG, Der Stern der Erlösung, Frankfurt 1990, 3.

10   Nach C. HOHOFF, Heinrich von Kleist, Hamburg 1958, 70.

11   Nach H. U. VON BALTHASAR, Gregor von Nyssa: Der versiegelte Quell. Auslegung des Hohen Liedes, Salzburg 1939, 73.

12   M. GÖRG, Der un-heile Gott. Die Bibel im Bann der Gewalt, Düsseldorf 1995,

13   J. RATZINGER, Das Salz der Erde. Christentum und katholische Kirche an der Jahrtausendwende, München 1996, 301.

14   Die Vorstellung einer Hölle entlarvt sich von hier aus als pure, von der Gottesangst eingegebene Fiktion, die keineswegs der Botschaft Jesu, sondern der archaischen Vorstellungswelt entstammt. Aber auch von den mystischen Erfahrungen der Dunkelheit, der Gottesnacht und des Entzugs her muß gefragt werden, ob sie nicht angesichts der Unwiderruflichkeit der Gewährungen Gottes (Röm 11,29) entweder mit dem Wagnis einer von dem einzigen Mittler absehenden „Gottesmystik" zu tun haben oder aber durch das Miterleiden der Passion Jesu zu erklären sind.

15   W. BERGENGRUEN, Am Himmel wie auf Erden; K. FRIELINGSDORF, Dämonische Gottesbilder. Ihre Entstehung, Entlarvung und Überwindung, Mainz 1992.

16   F. MUSSNER, Der Galaterbrief, Freiburg 1981, 86.

17   P. HOFFMANN, Die Offenbarung des Sohnes. Die apokalyptischen Voraussetzungen und ihre Verarbeitung im Q-Logion Mt 11,27 par Lk 10,22, in: Kairos 12 (1970), 270-288.

18   MUSSNER, a.a.O., 342-345.

19   U. WILCKENS, Der Brief an die Römer II, Zürich 1993, 136f.

20   WILKENS, a.a.O., 136f.

21   Kennzeichnend dafür ist der Satz LUDGER SCHENKES: „Jesus hat sich nicht selbst verkündigt"; a.a.O., 116.

22   F. NIETZSCHE, Briefe an HEINRICH VON STEIN (Anfang Dezember 1882) und FRANZ OVERBECK (vom 11. Februar 1883); dazu meine Schrift ,Nietzsche für Christen', Leutesdorf 2000, 28; 38.

23   Dazu meine nächstens in einer Neuauflage erscheinende Studie ,Theologie und Therapie. Zur Wiedergewinnung einer verlorenen Dimension' (1985).

24   HAMANN, Magus des Nordens (Ausgabe MANN), Leipzig o. J., 24.

25 TH. W. ADORNO, Jargon der Eigentlichkeit. Zur deutschen Ideologie, Frankfurt 1964, 115.

26 Dazu der titelgleiche Abschnitt meines Sammelbandes ‚Die Entdeckung des Christentums. Der alte Glaube und das neue Jahrtausend', Freiburg 2000, 105-119.

27 F. W. J. SCHELLING, Philosophie der Offenbarung(1858), Darmstadt 1955, 219.

28 Dazu der Hinweis meiner ‚Einweisung ins Christentum', Düsseldorf 1997.

Verstehen und Heilen

1 H.-G. GADAMER, Philosophische Lehrjahre. Eine Rückschau, Frankfurt 1977, 46f.

2 Beispiele dafür bietet die Erwähnung des Inkarnationsmotivs und die Deutung der Entstehung des Wortes nach dem Abbild der Trinität in: Wahrheit und Methode. Grundzüge einer philosophischen Hermeneutik, Tübingen 1972, 397; 401.

3 M. BUBER, Zwei Glaubensweisen, Zürich 1950, 15 ff.; 26 ff.; 41ff.; dazu meine Schrift ‚Buber für Christen. Eine Herausforderung', Freiburg 1988, 117-121.

4 K. SCHATZ, Vaticanum I (1869-1870) II: Von der Eröffnung bis zur Konstitution „Dei Filius", Paderborn 1993, 331-355; dazu W. GERBER, Katholischer Glaubensbegriff. Die Frage nach dem Glaubensbegriff in der katholischen Theologie vom 1. Vatikanum bis zur Gegenwart, Gütersloh 1966, 15-73.

5 E. SEITERICH, Wege der Glaubensbegründung nach der sogenannten Immanenzapologetik, Freiburg 1938, 9-34; 44-84.

6 H. BOUILLARD, Blondel und das Christentum (Originaltitel: Blondel et la Christianisme), Mainz 1963, 261-322.

7 P. WUST, Ungewißheit und Wagnis, München und Kempten 1950, 172.

8 R. GUARDINI, Das Ende der Neuzeit – Die Macht, Mainz und Paderborn 1986, 101-125.

9 GADAMER, Wahrheit und Methode, 261-269.

10 F. NIETZSCHE, Nachgelassene Fragmente (1882), in: Sämtliche Werke. Kritische Studienausgabe X, München 1980, 89.

11 A. VÖGTLE, Der verkündigende und verkündigte Jesus „Christus", in: J. Sauer (Hrsg.), Wer ist Jesus Christus ?, Freiburg 1977, 27-91.

12 GADAMER, Wahrheit und Methode, 264.

13 GADAMER, Philosophisch Lehrjahre, 45.

14 J. W. VON GOETHE, Tasso, 5. Aufzug, 5. Auftritt. Ähnlich heißt es in der ‚Trilogie der Leidenschaften. An Werther': „Verstrickt in solche Qualen, halbverschuldet, gab ihm ein Gott zu sagen, was er duldet".

15 CUSANUS, De visione Dei, c.7, 25.

16 S. KIERKEGAARD, Einübung im Christentum II (Ausgabe HIRSCH und GERDES), Gütersloh 1980, 102.

17 H. VON HOFMANNSTHAL, Brief des Lord Chandos; dazu die Ausführungen meiner Untersuchung ‚Religiöse Sprachbarrieren. Aufbau einer Logaporetik', München 1980, 43.

18 U. WILCKENS, Der Brief an die Römer II, Zürich 1993, 83-117.

19 Näheres dazu in dem titelgleichen Abschnitt meines Werkes ‚Die Entdeckung des Christentums', Freiburg 2000.

20 G. VON LE FORT, Vom Wesen christlicher Dichtung, in: Aufzeichnungen und Erinnerungen, Zürich 1951, 34.

21 Näheres dazu in meiner Studie ‚Theologie als Therapie. Zur Wiedergewinnung einer verlorenen Dimension', Heidelberg 1985, 158-163.

Aufriß einer therapeutischen Theologie

1 Zum Ganzen meine Studie ‚Theologie als Therapie. Zur Wiedergewinnung einer verlorenen Dimension' ,Heidelberg 1985.

2 F. HAHN, Christologische Hoheitstitel. Ihre Geschichte im frühen Christentum, Göttingen 1966, 347ff.; C. SCHNEIDER, Geistesgeschichte des antiken Christentums I, München 1954, 724.

3 Dazu J. GNILKA, Jesus von Nazaret. Botschaft und Geschichte, Freiburg 1990, 181f.; 270f.

4 GNILKA, a.a.O., 118-139.

5 Dazu I. MAISCH, Die Heilung des Gelähmten. Eine exegetisch-traditionsgeschichtliche Untersuchung zu Mk 2,1-12, Stuttgart 1971.

6   Dazu R. HEINZMANN, Thomas von Aquin, Heidelberg und Graz 1960, 325-335.

7   I. KANT, Der Streit der Fakultäten (Ausgabe Reich), Hamburg 1959, 21

8   K. LÖWITH, Vorträge und Aufsätze: Zur Kritik der christlichen Überlieferung, Stuttgart 1966, 54-96.

9   Dazu CL. TRESMONTANT, Biblisches Denken und Hellenische Überlieferung, Düsseldorf 1956, 76f.

10 J. A. MÖHLER, Die Einheit in der Kirche, Tübingen 1843, 100.

11 Dazu L. B. BAUER (Hrsg.), Entwürfe der Theologie, Graz 1985.

12 Dazu CL. BUSSMANN, Befreiung durch Jesus? Die Christologie der Lateinamerikanischen Befreiungstheologie, München 1980, 27

13 F. WIEDMANN, MARTIN DEUTINGER (1815-1864), in: Katholische Theologen Deutschlands im 19. Jahrhundert II, München 1975, 265-292.

14 V. SPANGENBERG, Herrlichkeit des Neuen Bundes. Zur Bestimmung des biblischen Begriffs der „Herrlichkeit" bei Hans Urs von Balthasar, Tübingen 1993, 4-23.

15 S. FREUD, Das Unbehagen in der Kultur (1930), in: Kulturtheoretische Schriften, Frankfurt 1974, 220 ff.

16 Dazu U. BUSSE, Das Nazareth-Manifest Jesu. Eine Einführung in das Lukanische Jesusbild nach Lk 4, 16-30, Stuttgart 1977, 38 ff.

17 Dazu der Abschnitt „Bindet ihn los! Vom Sinn des Todes Jesu" in meiner Schrift ‚Glaubensbewährung', Augsburg 1995, 9-28.

18 Dazu der Abschnitt „Der tägliche Tod: Die Angst" in meiner Untersuchung ‚Der Mensch - das uneingelöste Versprechen. Entwurf einer Modalanthropdogie', Düsseldorf 1995, 122-136.

19 K. JASPERS, Die geistige Situation der Zeit (1931), Berlin 1971, 55.

20 PSEUDO-DIONYSIUS AREOPAGITA, Von dem göttlichen Namen, c. 2.

21 J. L. AUSTIN, Zur Theorie der Sprechakte (How to do things with words), Stuttgart 1972; dazu L. BEJERKOLM und G . HORNIG, Wort und Handlung. Untersuchungen zur analytischen Religionsphilosophie, Gütersloh 1966; ferner meine Schrift ‚Menschsein und Sprache' , Salzburg 1989, 67-83.

22 Theologie als Therapie, 158-163.

23 Näheres dazu in meinem Entwurf einer Medien-Therapie in: Politische Studien 42 (1991), 61-73.

»Auch ihr werdet leben«

1   M. BUBER, Zwei Glaubensweisen, Zürich 1950, 110.

2   A. ARBEITER, Einführung in das Buch mit den Sieben Siegeln, Judenburg 1958, 11.

3   G. SÖHNGEN, Christi Gegenwart in uns durch den Glauben, in: Die Einheit der Theologie, München 1952, 324-341; D. MAHNKE, Unendliche Sphäre und Allmittelpunkt. Beiträge zur mathematischen Mystik, Halle 1937, 144-215.

4   Dazu W. WILCKENS, Der Brief an die Römer II, Zürich 1993, 136-145.

5   A. DEISSMANN, Paulus. Eine kultur- und religionsgeschichtliche Skizze. Tübingen 1925; A. SCHWEITZER, Die Mystik des Apostels Paulus, Tübingen 1930; A. WIKENHAUSER, Die Christusmystik des Apostels Paulus, Freiburg 1956.

6   A. STROBEL, Der erste Brief an die Korinther, Zürich 1989, 85f.

7   G. THEISSEN, Psychologische Aspekte paulinischer Theologie, Göttingen 1983, 153f.

8   E. LOHMEYER, Die Briefe an die Kolosser und an Philemon, Göttingen 1954, 56.61.

9   K. LÖWITH, Weltgeschichte und Heilsgeschehen. Die theologischen Voraussetzungen der Geschichtsphilosophie, Stuttgart 1953, 113.

10 WILCKENS, Der Brief an die Römer, a.a.O., 146-157.

11 Nach H. RAHNER, Die Gottesgeburt. Die Lehre der Kirchenväter von der Geburt Christi im Herzen der Gläubigen, in: Zeitschrift für katholische Theologie 59 (1935), 333-418.

12 R. GUARDINI, Der Herr. Über Leben und Person Jesu Christi, Freiburg 1980, 542.

13 Dazu meine Studie ‚Überredung zur Liebe. Die dichterische Daseinsdeutung Gertrud von le Forts‘, Regensburg 1980, 147-159.

14 LOHMEYER, a.a.O., 93f.

15 LOHMEYER, a.a.O., 94.

16 Dazu E. LOHMEYER, Urchristliche Mystik, Darmstadt 1958, 13f.

17 G. W. F. HEGEL, Die Vernunft in der Geschichte (Ausgabe HOFFMEISTER), Hamburg 1955, 63; 154.

18 F. MUSSNER, Der Galaterbrief, Freiburg 1981, 342ff.

19 A. STROBEL, Der erste Brief an die Korinther, 56. Keinesfalls darf „Weisheit" nach der von der Rechtfertigungsideologie eingegebe-

nen Ansicht von WALTER SCHMITHALS als „störende" Übergangsformel beiseitegeschoben werden, da auf ihr eindeutig der Hauptakzent der Aussage liegt: Theologiegeschichte des Urchristentums, Stuttgart 1994, 131.

20 Dazu mein Beitrag ‚Die Geburt der Weisheit aus dem Schweigen', in: A. HILGER und G. VON REITZENSTEIN (Hrsg.), Stationen des Lebens,Weyarn 1999, 16-29.

21 L. SCHENKE, Die Urgemeinde. Geschichtliche und theologische Entwicklung, Stuttgart 1990, 147, 156.

22 A. VÖGTLE, Das Buch mit den sieben Siegeln. Die Offenbarung des Johannes, Freiburg 1981, 44f.

23 R. SCHNACKENBURG, Das Johannesevangelium II, Freiburg 1975, 88ff.

24 R. BULTMANN, Der Lebensbegriff des Neuen Testaments, in: Theologisches Wörterbuch zum Neuen Testament II, Stuttgart 1935, 862-874.

25 Darin unterscheidet sie sich von dem Ergriffensein, von dem Paulus (Phil 3,12) berichtet, so sehr sie im Ergebnis damit übereinkommt.

26 Dazu der Schluß meines Jesusbuchs ‚Das Antlitz. Eine Christologie von innen', Düsseldorf 1999, 316ff.

27 A.a.O., 29-35; ferner J. HEISE, Bleiben. Menein in den Johanneischen Schriften, Tübingen 1967, 80-92; R. BULTMANN, Theologie des Neuen Testaments, Tübingen 1984, 438f.

28 Dazu mein Jesusbuch ‚Das Antlitz', a.a.O., 29-35.

29 Dazu die Ausführungen meiner Untersuchung ‚Der Mensch – das uneingelöste Versprechen', Düsseldorf 1995, 114-122.

30 A. STROBEL, Der erste Brief an die Korinther, 260ff., wo jedoch der Gedanke des Apostels, daß der Tod zur Sünde anstachelt, im Sinn des Römerworts vom Tod als der Sünde Sold (Röm 6,23) in sein Gegenteil umgebogen wird.

31 A. DEMPF, Geistesgeschichte der altchristlichen Kultur, Stuttgart 1964, 177f.; W. SCHMITHALS, Die Gnosis in Korinth. Eine Untersuchung zu den Korintherbriefen, Göttingen 1956, 70-74.

32 U. WILCKENS, Der Brief an die Römer, 170-174. Zweifellos würde der Gedanke des Apostels gestört, wenn sich die Hingabe des Sohnes, wie der Wortlaut nahelegt, auf den Sühnetod und nicht auf seine – als Schenkung verstandene – Sendung bezöge.

33 A.a.O., 175ff.; ferner meine Studie ‚Paulus: Zeuge, Mystiker, Vordenker', München 1992, 169-173.

Eine Christus-Hermeneutik

1 Die Spur des Zeitgeistes zeigt sich in Fausts Übersetzungsschritten darin, daß er den Fortgang von Sinn (Idealismus) und Kraft (Materialismus) zu Tat (Revolution) vollzieht. Mit einer schöpferischen Tat hatte allerdings auch die alttestamentliche Vorlage des Satzes begonnen; dazu mein Beitrag ‚Der visionäre Durchblick‘, in: K. HURTZ (Hrsg.), „Faust" in der Seele. Zeitgenossen meditieren Goethe, Regensburg 1995, 15-24.

2 M. McLUHAN, Die magischen Kanäle – Understanding Media, Frankfurt und Hamburg 1970, 17; dazu meine Schrift ‚Gott verstehen. Erwägungen zum Verhältnis Mensch und Offenbarung‘, München und Freiburg 1971, 131ff., sowie ‚Zur Situation des Menschen im Medienzeitalter‘, München 1988.

3 Nach L. SCHENKE, Die Urgemeinde. Geschichte und theologische Entwicklung, Stuttgart 1990, 148-156.

4 Dazu PH. VIELHAUER, Geschichte der urchristlichen Literatur. Einleitung in das Neue Testament, die Apokryphen und die Apostolischen Väter, Berlin 1975, 342.

5 Dabei ist dieser Zeuge weder mit dem Verfasser des Evangeliums noch mit dem für die Wahrheit seines Berichtes einstehenden Bürgen (ekeinos) identisch, mit dem, wie BULTMANN richtig sah, nur der in den Seinen (Joh 19,26f.) und (nach 19,34) in den Sakramenten Fortlebende gemeint sein kann. Zu der zwischen BULTMANN und BLUMENBERG umstrittenen Stelle mein Jesusbuch ‚Das Antlitz. Eine Christologie von innen‘, Düsseldorf 1999, 26f.

6 J. M. ROBINSON, Der wahre Jesus? Der historische Jesus im Spruchevangelium Q, in: Zeitschrift für Neues Testament 1 (1998), 17-26.

7 J. HABERMAS, Erkenntnis und Interesse, in: Technik und Wissenschaft als „Ideologie", Frankfurt 1969, 146-168. Auf die gegensinnigen Erzählweisen der Evangelien verweist mein Beitrag ‚Die neue Lesart. Anleitung zu einer transkritischen Bibellektüre‘, in: Stimmen der Zeit 215 (1997), 803-813.

8 VIELHAUER, Geschichte der urchristlichen Literatur, 340.

9 K. RAHNER, Theos im Neuen Testament, in: Schriften I, 91-167; dazu mein Beitrag ‚Die Suspendierung der Gottesfrage. Erwägungen zu einer innovatorischen These Karl Rahners‘, in: E. KLINGER und K. WITTSTADT (Hrsg.), Glaube im Prozeß. Christsein nach dem II. Vatikanum, Freiburg 1989, 432-455.

10 Bekanntlich stützt sich darauf der Haupteinwand, der schon von

dem antiken Rhetor KELSOS vorgebracht wurde.

11 Dazu H. DE LUBAC, Der geistige Sinn der Schrift, Einsiedeln 1952.

12 Bekanntlich versuchte KIERKEGAARD nach dem von ihm vollzo-
    genen Bruch mit Regine Ohlsen diese sich durch die zur Schau
    getragene Attitüde eines Lebemannes zu entfremden; dazu W.
    LOWRIE, Das Leben Kierkegaards, Düsseldorf - Köln 1955, 121-
    127.

13 M. BUBER, Zwiesprache, in: Werke I: Schriften zur Philosophie,
    München und Heidelberg 1962, 178.

14 BUBER, Zwei Glaubensweisen, Zürich 1950, 21.

15 So der Titel seines Essays über die Beziehung zwischen Religion
    und Philosophie, Zürich 1953.

16 Näheres dazu in meinen Jesusbuch ,Das Antlitz. Eine Christologie
    von innen', Düsseldorf 1999, 245ff.

17 S. KIERKEGAARD, Einübung im Christentum III, Kap. 6; dazu
    mein Jesusbuch ,Das Antlitz', 73f.

18 Dazu A. VÖGTLE, Der verkündigende und verkündigte Jesus
    „Christus", in: J. SAUER (Hrsg.), Wer ist Jesus Christus?, Freiburg
    1977, 27.91.

19 Wie Jesus in der ostkirchlichen Darstellung der Anastasis die
    Abgeschiedenen mit starker Hand der Todesgewalt entreißt, faßt
    er(Lk 7,14) die Hand des toten Mädchens an, um beide mit dem
    Befehlswort „steh auf!" ins Leben zurückzurufen. Wenn die Laza-
    rusperikope (Joh 11,1.44) als zeichenhafte Vorwegnahme von Jesu
    eigener Auferweckung durch die (nach Joh 5,28) „in die Gräber"
    dringende Stimme des Gottessohnes zu verstehen ist, kann die
    Frage offen bleiben, ob der Szene die Heilung einer im gesell-
    schaftlichen Sinne „toten" Aussätzigen oder das – vermutlich auf
    eine ägyptische Legende zurückgehende – Gleichnis vom Reichen
    und dem armen Lazarus (Lk 16,19-31) zugrundeliegt; dazu R.
    SCHNACKENBURG, Das Johannesevangelium III, Freiburg 1985,
    428-431.

20 O. CULLMANN, Der johanneische Kreis. Zum Ursprung des
    Johannesevangeliums, Tübingen 1973.

21 R. BULTMANN, Das Evangelium des Johannes, Göttingen 1950,
    526.

22 Dazu nochmals das in Anm. 5 Gesagte.

23 H. BLUMENBERG, Matthäuspassion, Frankfurt 1988, 234; dazu
    meine Besprechung ,Theologische Trauerarbeit. Zu Hans Blumen-
    bergs Matthäuspasssion', in: Theologische Revue 85 (1989), 441-
    425.

24 J.A. FISCHER (Hrsg.), Die Apostolischen Väter, München 1956.

25 Dazu meine Studie ‚Der inwendige Lehrer. Der Weg zur Selbstfindung und Heilung', München 1994.

26 KIERKEGAARD, Einübung im Christentum I: Anrufung.

27 Dazu das freilich aus satisfaktionstheoretischer Perspektive verfaßte Werk von R. SCHWAGER, Der wunderbare Tausch. Zur Geschichte und Deutung der Erlösungslehre, München 1986.

28 J. M. ROBINSON, Der wahre Jesus? Der historische Jesus im Spruchevangelium Q, in: Zeitschrift für Neues Testament 1 (1998) 17-26.

29 Dazu E. MÜNZEBROCK, Die Beschauung ist Sache des Herzens. Stufen der Annäherung an Gott bei Teresa von Avila, in: W. BÖHME und J. SUDBRACK (Hrsg.), Der Christ von morgen – ein Mystiker? Grundformen mystischer Existenz, Würzburg und Stuttgart 1989, 82ff.

30 H. RAHNER, Die Gottesgeburt. Die Lehre der Kirchenväter von der Geburt Christi im Herzen der Gläubigen, in: Zeitschrift für katholische Theologie 59 (1935), 333-418.

31 Dazu meine Schrift ‚Der inwendige Lehrer. Wege zur Selbstfindung und Heilung', München 1994.

32 Dazu M. BUBER, Zwei Glaubensweisen, Zürich 1950, 28ff.; ferner mein Jesusbuch ‚Das Antlitz', 111; 147f.

33 W. SCHMITHALS, Theologiegeschichte des Urchristentums. Eine problemgeschichtliche Darstellung, Stuttgart 1994, 237. L. SCHENKE, Die Urgemeinde. Geschichtliche und theologische Entwikklung, Stuttgart 1990, 281f.

34 Auf die Differenz zwischen der exoterischen Lehre des Apostels und seiner esoterisch - mystischen Denkwelt verweist E. P. SANDERS in seiner Schrift ‚Paulus. Eine Einführung', Stuttgart 1955, 98-101.

35 Dazu mein Jesusbuch ‚Das Antlitz', 77ff.

36 SYMEON DER NEUE THEOLOGE, Licht vom Licht: 27. Hymne, Hellerau 1930, 124; dazu mein Jesusbuch ‚Der Freund. Annäherungen an Jesus', München 1989, 85ff.

·

Tönende Vergewisserung

1 E. CASSIRER, Individuum und Kosmos in der Philosophie der Renaissance (1927), Darmstadt 1963, 69f.

2   NIKOLAUS VON KUES, De visione Dei, c. 7,25; dazu der Beitrag von KLAUS KREMER, in: R. HAUBST (Hrsg.), Das Sehen Gottes nach Nikolaus von Kues, Trier 1989, 227-252.

3   CUSANUS, Excitationes 1,3; dazu mein Jesusbuch ‚Das Antlitz. Eine Christologie von innen', Düsseldorf 1999, 54-60.

4   Dazu J. P. VOGEL, Hans Pfitzner. Leben, Werke, Dokumente, Zürich 1959, 94-116.

5   Dazu G. SCHUBERT, Paul Hindemith, Reinbek bei Hamburg 1981, 80ff.

6   F. H. REDLICH, Alban Berg. Versuch einer Würdigung, Wien 1957, 124-138.

7   F. NIETZSCHE, Sämtliche Werke, Kritische Studienausgabe X, München 1980, 89.

8   THR. GEORGIADES, Musik und Sprache. Das Werden der abendländischen Musik, dargestellt an der Vertonung der Messe, Berlin 1954, 58.

9   A. DÜRR, Zur geistlichen Musik Max Regers, in: A. WIORA (Hrsg.), Religiöse Musik in nicht-liturgischen Werken von Beethoven bis Reger, Regensburg 1978, 200.

10 Näheres dazu in dem Beitrag „Bach als Wiederentdecker der paulinischen Heilsbotschaft" in meinem Sammelband ‚Glaubensimpulse. Beiträge zur Glaubenstheorie und Religionsphilosophie', Würzburg 1988, 324-336.

11 L. MAGNANI, Beethovens Konversationshefte, München 1962, 68f.; 94.

12 E. KASTNER, Ludwig van Beethovens sämtliche Briefe, Tutzing 1975, Nr. 1238.

13 GEORGIADES, Musik und Sprache, 99.

14 Dazu mein Beitrag „Die Suspendierung der Gottesfrage. Erwägungen zu einer innovatorischen These Karl Rahners", in: ‚Glaubenimpulse', 189, 207.

15 W. RIEZLER, Beethoven, Berlin 1934, 35; dort aber auch die gegensinnige Bemerkung Beeethovens, daß er die Menschen „als bloße Instrumente" betrachte, auf denen er nach Gutdünken „spiele".

16 M. SOLOMON, Beethovens Biographie, München 1979, 347.

15 J. und B. MASSIN, Beethoven. Materialbiographie, Daten zum Werk (Originaltitel: Ludwig van Beethoven), München 1970, 611.

18 J. und B. MASSIN, a.a.O., 613, die den Wert dieser Äußerung frei-

lich zu disqualifizieren suchen.

19 A. SCHWEITZER, Die Mystik des Apostels Paulus, Tübingen 1930, 376.

20 MASSIN, a.a.O., 550; W. STÄHR, IX. Symphonie, in: R. ULM (Hrsg.), Die neun Symphonien Beethovens. Entstehung, Deutung, Wirkung, Kassel 1994, 263.

21 MASSIN, a.a.O., 550-558.

22 F. NIETZSCHE, Die Geburt der Tragödie aus dem Geiste der Musik, § 1. Wenn Nietzsche in der Folge von Beethoven sagt, daß er als erster die Musik „die bisher verbotene Sprache der Leidenschaft reden" ließ (Richard Wagner in Bayreuth, § 9), greift er auf die Nachlaßnotiz voraus, nach der „das Verständlichste an der Sprache" in der Leidenschaft hinter den Worten und in der „Person hinter dieser Leidenschaft" besteht.

23 NIETZSCHE, Menschliches, Allzumenschliches I, §153.

24 Das eine bemerkt eine mit „Gott" überschriebene, fragmentarische Aufzeichnung, das andere betont der Aphorismus „Neue Kämpfe" in der ‚Fröhlichen Wissenschaft'III, § 108.

25 Dazu J. SCHMIDT, Die Geschichte des Genie-Gedankens in der deutschen Literatur, Philosophie und Politik 1750-1945 II, Darmstadt 1988, 269-277; ferner meine ‚Einweisung ins Christentum', Düsseldorf 1997, 170f.

26 J. A. MÖHLER, Die Einheit in der Kirche, Tübingen 1843, 100. Wie sehr der Gedanke im Zug der Zeit lag, zeigt eine sinnverwandte Stelle im Briefwechsel SCHILLERS mit GOETHE.

27 Näheres dazu in meiner Schrift, Der Mensch im Medienzeitalter', München 1980.

28 D. REXROTH, Beethoven. Leben – Werke – Dokumente, Mainz 1995, 504-518.

Prof. Dr. phil., Dr. theol. Eugen Biser, geboren 1918, bis 1964 als Religionslehrer tätig, war von 1974-1989 Inhaber des renommierten Guardini-Lehrstuhls für Christliche Weltanschauung und Religionsphilosophie an der Universität München und leitet seit 1987 das dortige Seniorenstudium. Er ist Dekan der Klasse Weltreligionen der Europäischen Akademie der Wissenschaften und Künste und Verfasser zahlreicher theologischer und religionsphilosophischer Werke.